ELS SET PODERS

Àlex Rovira Celma

Els Set Poders

Un viatge a la Terra del Destí

EMPRESA ACTIVA

Títol original: *Los Siete Poderes*
Traducció: Mariona Barrera i Aguilera

Aribau, 142, pral. – 08036 Barcelona
www.empresaactiva.com

ISBN: 84-96627-04-7
Dipòsit legal: B-27.232-2006

Edició i supervisió: Aibana productora editorial, SL
Villarroel, 220-222 – 08036 Barcelona
www.aibanaedit.com

Imprès a: Romanyà Valls, SA Plaça Verdaguer, 1
08786 Capellades (Barcelona)

Imprès a Espanya – *Printed in Spain*

A la meva filla Mariona.

Va ser ella qui durant els seus sis primers mesos de vida
em va dictar aquest conte entre somnis,
mirades i somriures,
revelant-me el veritable poder que neix
de la força interior.

Ella em va mostrar l'extraordinària força
que és capaç de desplegar el més petit i delicat dels cors
quan, malgrat la seva fragilitat, té la voluntat
de viure i créixer per encarnar
el poder més gran de tots: l'amor.

També a la Mònica, la meva dona.
I als meus fills, la Laia i en Pol.
Com a tots els éssers humans
que trien donar sentit a la vida
en l'exercici de l'optimisme,
el lliurament, la generositat,
l'esperança i l'alegria.

ÀLEX ROVIRA CELMA

Índex

TERCERA PART
El retorn

La nostra por més profunda és reconèixer
que som inconcebiblement poderosos.

No és la nostra foscor, sinó la nostra llum,
el que més por ens fa (...).

A mesura que permetem que la nostra llum
irradiï, sense adonar-nos-en, estem permetent
que altres persones facin el mateix.

En alliberar-nos de les nostres pròpies pors,
la nostra presència automàticament
allibera els altres.

NELSON MANDELA

Pròleg

«Quina és la clau per transformar la vida? En quina mesura el destí està escrit? Realment podem construir el futur que desitgem?» Ho vaig preguntar a un dels meus mestres quan jo era adolescent. La seva resposta, com no podia ser d'una altra manera, va ser simple i va arribar mitjançant una llegenda.

Fa molts, molts anys, els homes coneixien el secret que permetia que anhels i somnis es fessin realitat. Però en van abusar de tal manera que els savis responsables de tenir-ne cura van decidir amagar-lo en un lloc al qual només pogués arribar qui veritablement ho mereixés. Però, on ocultar el que probablement era el tresor de més valor per a la humanitat?

Un dels membres del consell de savis va suggerir enterrar-lo a la part més profunda de la terra, però els seus companys van objectar que tard o d'hora algú excavaria fins als racons més profunds del planeta per trobar-lo.

Un altre savi va proposar portar-lo fins al cim més alt i enterrar-lo allí, sota la neu eterna. Però hi va haver qui va objectar que arribaria el dia en què molts homes i dones serien capaços d'escalar el més alt dels cims i descobrir-hi el tresor. La resta de savis li va donar la raó i, inquiets, van seguir discutint.

Al cap d'una estona, un tercer va prendre la paraula i va dir que sens dubte el millor amagatall era el més profund dels abismes de l'oceà més gran. «Aquest tampoc serà un bon lloc. Algun dia hi haurà éssers humans que aprendran a navegar pels abismes del mar i, sens dubte, el trobaran», van respondre uns altres.

Desanimats i resignats, un per un, els membres del consell de savis es van mirar amb expressió de profunda tristesa, ja que no hi havia cap lloc a la terra on amagar el secret que convertia els somnis en realitat.

Després d'un llarg silenci, el més ancià i discret de tots va prendre la paraula i, gairebé en un xiuxiueig, va dir: «Hi ha un lloc, només un lloc, on molt poques persones seran capaces d'arribar per trobar el tresor».

L'expectació va ser màxima. Llavors va haver-hi un enrenou; murmuris, exclamacions i mirades d'estupor es van creuar entre la resta de membres del consell. «Quin és aquest lloc, mestre?!», va preguntar inquiet un dels savis a l'ancià.

«El cor... L'ocultarem al cor de cada home i cada dona que visqui en aquest esplèndid planeta. Cada cor ha d'emparar aquest tresor extraordinari, ja que molt pocs tindran el coratge, la perseverança, la fe, la humilitat i la paciència de mirar en el seu interior i desvelar el secret. Només aquells que siguin capaços de descobrir que la més gran de les riqueses i el més gran dels poders resideix en el seu cor han de ser dignes d'accedir al tresor.»

I així va ser com en un pacte sagrat i mitjançant un encanteri, fa ja milers d'anys, el secret que converteix en realitats els anhels de l'ànima descansa al cor de cadascun de nosaltres.

Espero que aquest conte, o millor, aquest viatge que ara comences et guiï fins al teu tresor.

El destí final és, sempre, el teu cor.

A ell li adreço una càlida salutació.

Amb profunda gratitud, respecte i afecte.

ÀLEX ROVIRA CELMA

PRIMERA PART

El repte

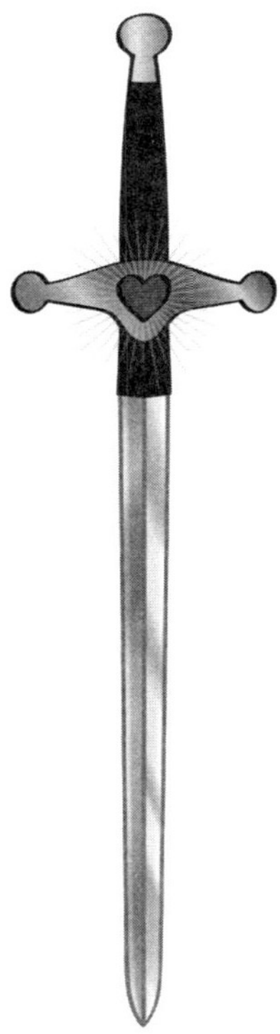

I

El regne d'Albor

Fa molt, molt de temps, quan alguns homes encara comprenien el llenguatge dels ocells, vivia al pròsper regne d'Albor un rei que era profundament estimat i respectat per tots els seus súbdits. Home de gran força i extraordinari coratge, havia estat l'únic monarca capaç de defensar la seva bella terra dels atacs del malvat exèrcit que comandava el poderós i invencible Nul, Senyor de les Tenebres.

Centenars de regnes havien sucumbit, un rere l'altre, al demolidor avanç del pervers, i només Albor, com una illa a l'oceà, s'escapava d'aquell domini anorreador. El rei i el seu exèrcit havien resistit gràcies a la màgica Albor, l'espasa fulgent que donava nom al regne i que, milers d'anys abans, havia estat forjada amb l'alè de l'Aur, el gran drac blanc. Aquella espasa havia estat concebuda per atresorar i transformar en poder tota la força interior que emparés el cor dels seus legítims propietaris, i es va convertir així, amb el pas dels anys, en l'arma més poderosa sobre la faç de la terra.

Però el murri Nul va saber esperar el moment adequat per ventar al rei el cop més dolorós i demolidor de tots: en Janus, el seu únic fill i hereu del tron, va ser segrestat la primera nit de la seva vida pel malvat que, aprofitant les festes amb les quals se celebrava la bona nova i ocult sota una capa negra que el feia invisible, no solament va aconseguir raptar l'hereu, sinó també apoderar-se de l'espasa màgica.

Llavors, el regne va quedar sumit en la tristesa i la desesperació. El seu futur apareixia cobert d'ombres, més vulnerable que mai, sense príncep, sense la màgica Albor. En Nul, espectre aliè al pas del temps, en tenia prou d'esperar la mort del rei per fer-se amb l'últim reducte que es resistia a la seva desmesurada ambició.

Aleshores va succeir que la reina va llanguir i, anys més tard, finalment va morir, mentre el rei envellia dia a dia davant dels ulls de tothom. Els homes i les dones d'Albor van patir aquells esdeveniments amb pesar, amb tanta tristesa que els seus ulls ja no veien la primavera en els nous brots dels arbres ni en les flors que creixien als jardins.

No cal dir que es van fer molts intents, en va, desesperats, per trobar el príncep i recuperar l'espasa. Centenars d'ardits cavallers van marxar a la seva recerca cap a la Terra del Destí, a les fronteres del regne amb el món del més enllà, ja que es creia que el Senyor de les Tenebres hi havia ocultat en Janus i l'Albor. No en va tornar mai ningú.

Van passar els anys i els rumors van esdevenir llegendes que narraven que en Janus s'havia convertit en l'esclau etern del maligne senyor.

Però el rei mai no va perdre l'esperança, convençut que algun dia tornaria a abraçar el seu fill i brandar la seva espasa. Aquest convenciment, aquesta força interior, va servir per mantenir unit tot el regne davant l'infame.

Els nobles cavallers, fidels a les seves creences, van decidir mantenir ferm el seu esperit i desenvolupar la seva força per protegir de noves incursions el regne i els ideals i principis que el seu rei els havia transmès amb el seu exemple. Potser per aquesta raó, en Nul va renunciar a la conquesta.

Amb el pas del temps, el rei, vell i cansat, va entendre que la vida li regalaria ja poques albades. Havia d'escometre la seva última i més important missió: nomenar un hereu, un successor amb la força física i la moral necessàries per repel·lir l'atac segur i devastador que en Nul duria a terme després de la seva mort. Sense un líder reconegut per tots, la derrota seria segura i el regne i tota la terra caurien a les urpes de l'obscur.

II

La crida del rei

Un clar matí de primavera, el Jove Cavaller s'entrenava amb la seva espasa en una clariana del bosc dels Nou Teixos, al costat dels seus amics, els cavallers Cap, Cop i Cor, quan, de sobte, hi va irrompre l'herald reial amb un missatge: havia de presentar-se immediatament davant el rei. La urgència i la solemnitat del correu van alarmar els quatre companys.

Sense dubtar-ho ni un instant, el Jove Cavaller va muntar el seu noble cavall Kam i es va dirigir al galop cap al castell. Havia fet un jurament de defensar l'Albor i de guardar obediència al seu senyor, però fins aquell moment el monarca no li havia reclamat mai la seva presència d'aquella manera. Devia passar alguna cosa, va pensar, preocupat.

Va arribar amarat de suor a la plaça del castell, va desmuntar i va pujar de tres en tres els graons que portaven fins a la torre del Rei.

Gairebé sense alè, va tustar a la porta de la cambra reial. La veu amable i desgastada del seu senyor va respondre:

—Endavant.

El cavaller hi va entrar, va fer les set passes de cerimònia i es va agenollar davant el monarca, que l'esperava assegut al seu tron.

—Majestat, he vingut tan aviat com he sabut que em cridàveu. En què puc servir-vos?

—Fidel i jove cavaller meu, a vegades sembles més ràpid que la meva estimada Elk, l'àguila que vigila el castell des de les altures.

—Sabeu bé, senyor, que sóc a la vostra disposició per tot el que us calgui.

—Et conec des que eres un nen —va seguir el rei—, i admiro la teva força d'esperit i el teu coratge. En els darrers anys, has estat el meu suport més fidel i eficaç. Ara el meu temps s'acaba, em sento cansat i gairebé sense forces i sé que en poc temps deixaré aquesta vida. Per això vull demanar-te un últim servei...

Va fer una llarga pausa i la seva mirada es va parar en un tapís que dibuixava amb forma de cor l'escut d'armes de la seva família. Llavors, amb veu solemne, li va anunciar:

—Saps que després de la meva mort el tron quedarà vacant. Per aquest motiu et demano que acceptis ocupar el meu lloc quan jo mori.

El Jove Cavaller, perplex, amb el genoll a terra, el cap cot i sense atrevir-se a mirar els ulls del rei, va balbucejar:

—Majestat, no... no puc assumir aquest honor! Els meus orígens són humils. Els meus pares eren simples camperols que van morir en el terrible incendi que va provocar el Senyor de les Tenebres en la seva fugida després de raptar el vostre fill, l'únic hereu, i de robar l'espasa màgica.

El rei escoltava amb atenció la veu vacil·lant del cavaller que, presa de l'emoció, es va aturar uns instants.

—Vós sabeu que en Manllum, el mag, em va procurar una nova llar en donar-me en adopció a la família del ferrer. Del meu nou pare vaig aprendre'n l'ofici de la forja i la vida va voler que desenvolupés prou habilitat perquè molts cavallers em sol·licitessin ferradures i armes. Sabeu també que per trempar milers d'espases i provar milers de ferradures cavalcant els millors corsers del regne vaig desenvolupar habilitat com a genet i destresa en el maneig de les armes. Gràcies a la vostra generositat, vaig arribar a ser escuder i, més endavant, cavaller. Aquesta és tota la meva ambició, servir-vos...

El rei el va interrompre amb veu ferma:

—Conec millor que ningú els teus orígens! I no et vaig armar cavaller per generositat, sinó per justícia, per la teva valentia, pels teus triomfs, per l'esforç que vas posar en les tasques que et vaig encomanar!

Després d'un intens silenci, el rei, visiblement emocionat i amb un fil de veu, va afegir:

—Sempre t'he tractat com si fossis en Janus, el fill que vaig perdre, i saps que la reina també sentia per tu un amor profund. Ets el més estimat i respectat per tots i, per això, no dubto que reconeixeran la teva autoritat com a nou rei. Accepta la meva proposta!

—Però majestat...

El rei, contrariat, el va interrompre de nou:

—No deixis que el teu passat, sigui quin sigui, enfosqueixi la teva visió d'un futur brillant!

—Hi ha altres homes molt més dignes d'un honor tan alt: el cavaller Cap, el cavaller Cor, el cavaller Cop...

—No negaré pas que els tres són homes de gran valor. En Cap és molt intel·ligent, però s'hi pensa massa abans d'actuar. Pel que fa a en Cor, més que cavaller hauria de ser trobador; les seves emocions li impedeixen pensar amb claredat. I en Cop és sense cap mena de dubte el més fort de tots, però de vegades actua sense pensar. No, no en veig cap com a futur rei. T'ofereixo el ceptre perquè en tu hi veig un somiador pràctic, algú que m'ha demostrat que no perd mai l'esperança, l'únic que pot mantenir unit el regne i fer front al Senyor de les Tenebres. Accepta el repte que et proposa la vida, ja que no sóc jo qui et parla, és la vida!

El cavaller escoltava el rei amb molta atenció.

—Sense reptes no podem créixer. La por al fracàs mata la vida. Jo sé que pots ser un gran rei! I tu també ho saps, no t'enganyis. Atreveix-te a fer realitat els teus somnis! A dir al món qui ets en realitat! Exerceix el poder que tens dins de la teva ànima, no el que neix de la vanitat ni de la por, ja que aquest és el que exerceix en Nul. T'estic parlant d'un altre poder, el que es manifesta en la capacitat d'encarnar els somnis mitjançant la passió i el treball perseverant i pacient, el que permet transformar la realitat i crear noves circumstàncies perquè la vida futura sigui diferent, pròspera i amb sentit...

—El poder d'en Nul és tal que em fa por no complir les vostres expectatives...

El rei es va incorporar amb gran esforç, es va apropar al cavaller i, acariciant-li el rostre, li va dir amb fermesa:

—Si penses que no pots, no podràs. Si penses que no t'hi atreveixes, no ho faràs. Si creus que estàs vençut, ho estàs. D'això s'alimenta el Senyor de les Tenebres: de la por, de la inseguretat que neix de la manca d'amor i de confiança en nosaltres mateixos. Pensa que pots i podràs! La derrota més gran no consisteix a no superar un repte, sinó a ni tan sols provar-ho. La batalla de la vida no sempre la guanya l'home més fort, el més àgil o el més ràpid, sinó el que creu que podrà fer-ho.

Pensatiu, el Jove Cavaller es va incorporar lentament i va dirigir una mirada suplicant al rei.

—Senyor, hi ha una altra qüestió: em sentiria com un usurpador si acceptés la vostra oferta sense haver provat abans de trobar el vostre fill i l'espasa màgica a la Terra del Destí.

—Saps què em proposes? Saps què significa endinsar-s'hi?

—Sí, senyor. Molts cavallers han fet aquesta travessia, alguns eren amics meus, i cap n'ha tornat.

—T'encararàs amb el desconegut. En aquest lloc no hi resideix el Senyor de les Tenebres, però hi exerceix la més gran de les influències. Farà que et perdis, que oblidis qui ets i quin és el teu propòsit. Els teus pitjors malsons es faran realitat i només sobreviuràs si conserves la puresa del teu cor i la fortalesa del teu esperit. Sí, t'entenc; potser si superes la prova comprovaràs que la meva decisió és encertada. Vols anar-hi? Vés-hi. Tens el meu permís.

—Gràcies, senyor.

El rei va somriure, tot i que aquell gest gairebé no dissimulava la seva preocupació.

—Bé. Però el meu desig és que abans visitis el teu protector, el mag Manllum. Ell sabrà donar-te consell i orientar-te per a la travessia. Escolta els seus bons consells i segueix-los, et seran útils.

I així va ser com el Jove Cavaller va marxar cavalcant l'infatigable Kam cap al bosc de la preciosa vall de les Deu Muntanyes, on vivia en Manllum.

Mentre s'allunyava del castell va sonar tres vegades el bronze d'una campana llunyana. Dalt, al cel, va albirar l'Elk, l'àguila del rei, que semblava acomiadarlo com ho havia fet en tots els moments importants de la seva vida.

III

El bosc dels Nou Teixos

Era tanta la responsabilitat i li pesava tant que, mentre el Jove Cavaller cavalcava cap a la vall de les Deu Muntanyes, per trobar en Manllum, va sentir la necessitat d'acomiadar-se de qui més estimava i buscar-hi consell i, potser, consol.

En arribar al gran cercle que formaven els nou arbres mil·lenaris hi va trobar els seus tres companys, que continuaven entrenant-se.

El Jove Cavaller els va explicar la petició del rei i la decisió que havia pres:

—Així doncs, estimats amics, he de marxar cap a la Terra del Destí. La petició del rei és una gran responsabilitat que no podré assumir fins assegurar-me que hem perdut definitivament en Janus. El mag blanc m'ajudarà i he de marxar immediatament per parlar-hi. Però volia acomiadar-me i demanar-vos consell abans de fer front a un repte tan difícil.

Els tres cavallers no van dubtar a respondre al prec del seu amic.

El primer que va prendre la paraula va ser en Cap, el cavaller d'intel·ligència brillant, l'escut d'armes del qual lluïa una àguila daurada:

—Estimat amic, només puc dir-te això: *Per difícils que siguin les circumstàncies que t'envoltin, adopta sem-*

pre una actitud positiva. Les teves circumstàncies canviaran i sempre aniran millor en la mesura que no et resignis ni et lliuris al pessimisme. Si el repte que tens al davant és difícil, viu-lo com una gran oportunitat; serveix-te d'aquest consell per anar més enllà d'aquest «tu» que ets avui i converteix-te en qui pots arribar a ser demà.

Semblava com si en Cap conegués perfectament el Jove Cavaller i les dificultats que hauria d'encarar, i aquest va agrair amb una abraçada el consell del seu savi amic.

En Cop, el cavaller més alt i fort del regne, sempre disposat a entrar en acció i a l'escut d'armes del qual apareixia un toro platejat, va avançar-se fins a situar-se davant del seu amic, el va aferrar amb força per les espatlles i amb la seva veu greu va exclamar:

—No et rendeixis mai! Passi el que passi en el futur, si has de fer front a un repte, un revés, una caiguda, un mal tràngol, una adversitat, mai no et resignis! Si caus, aixeca't totes les vegades que calgui. No perdis l'esperança per difícil que sigui l'escull que hagis de superar. Recorda els petits a qui vam ensenyar a muntar a cavall: cauen i s'aixequen centenars de vegades fins que un dia genet i cavall es fonen en un. És aleshores quan l'acció esdevé pur plaer. Per ells el fracàs o l'error no existeixen: és un procés d'aprenentatge necessari i fins i tot divertit per convertir-se en allò que poden arribar a ser. *La veritable força es troba en l'acció, en l'assaig i en l'aprenentatge mitjançant l'error.* No importa quins siguin els teus talents: només l'acció els dóna vida. Si no els exerceixes és com si no els tinguessis. *Fes i aprendràs. L'ac-*

ció és el camí que et portarà a realitzar els teus somnis, per impossibles que semblin.

I, finalment, va afegir:

—*Desig sense acció és ficció; desig amb acció és realització!* La clau de la vida és l'acció. Pensar i parlar és molt fàcil. El que és realment difícil és actuar. Davant el dilema entre fer i no fer, no ho dubtis: fes, fes, fes!

El Jove Cavaller va sentir que aquell consell era un complement perfecte al d'en Cap i va agrair a en Cop les seves paraules amb una altra abraçada ferma.

Finalment va ser el torn d'en Cor, de qui es deia que era el cavaller amb més saviesa de cor del regne i a l'escut d'armes del qual brillava el relleu d'un lleó d'or. Marcant amb el puny el cor del seu amic li va dir gentilment:

—*Amb la vida se'ns donen dos dons: temps i llibertat d'escollir. Inverteix el temps de manera intel·ligent, però, sobretot, escull segons el que et dicti el cor. La teva compassió pot regir no sols el teu destí, sinó també el destí de molts, ja que no estem sols i tot el que fem afecta directament o indirectament els altres. En la teva vida tria sempre el camí de l'amor, el camí del cor, ja que no hi ha cap home a qui l'amor no el faci valent i el transformi en heroi.*

Agraït també per les paraules d'en Cor, el Jove Cavaller va segellar la gratitud pel consell rebut amb una calorosa abraçada.

I, després d'acomiadar-se dels seus tres companys, va cavalcar l'infatigable Kam cap al llac dels Dotze Cignes, on solia passejar el petit Sid.

IV

El llac dels Dotze Cignes

El Jove Cavaller sabia que trobaria el petit Sid a la vora del llac dels Dotze Cignes, amb els quals cada dia, a aquella mateixa hora, compartia bocins de pa.

En Sid era orfe i en Manllum n'havia encomanat la cura al Jove Cavaller. En Sid era, a més, el seu alumne preferit. Era fort i sensible, actiu i observador, inquiet i disciplinat, qualitats que feien d'ell un nen summament singular.

En Sid, sorprès en veure'l, li va preguntar:

—Què fas aquí? No hauries de ser amb els teus companys?

—Mira, amic meu, tinc una cosa important a dir-te. He de marxar uns dies per resoldre un assumpte important que el rei m'ha encarregat i abans volia acomiadar-me de tu.

El petit va mirar el rostre del seu mentor i va observar-hi una expressió de profunda tristesa i de gran preocupació. Aquella expressió només la mostrava en circumstàncies veritablement excepcionals, de manera que li va dir:

—És difícil, oi?

—Difícil? Què és difícil? —va respondre, inquiet, el cavaller, a qui no deixava de sorprendre mai la profunda sensibilitat d'aquell petit vailet.

De sobte, en Sid es va aixecar i es va allunyar unes passes de la vora del llac. Llavors es va inclinar cap al davant fins que les mans i el cap van quedar recolzats al terra, com si volgués veure el món al revés. El seu mestre no entenia què estava fent en aquella estranya posició.

—Mira! És extraordinari! Vine i mira! —va exclamar en Sid.

Mogut per la curiositat, el Jove Cavaller es va aixecar d'un salt decidit a imitar aquella postura. Mirava i mirava per intentar entendre què era allò tan extraordinari que el petit semblava veure, però, tot i que escrutava amb la mirada els bells arbres del bosc, els grans salzes de la riba i el cel límpid, no aconseguia veure-hi res d'especial. Buscava alguna au, un esquirol o un cérvol, alguna cosa que fos objecte d'interès per al petit, però res no semblava ser especialment digne d'atenció.

Cansat de mantenir-se en una posició que li resultava incòmoda durant un temps que li va fer l'efecte que era excessiu, va preguntar al nen:

—Digues-me, fill, què és el que et sembla tan excepcional? No veig res!

En Sid va respondre amb un murmuri, com si volgués consultar un secret al seu mestre:

—No te n'adones?

—No me n'adono de què?! —va rondinar, intrigat.

—Doncs que del cel pengen milers d'arbres gegants i que el terra és blau, infinit i amb núvols.

El Jove Cavaller va ser pres pel vertigen més gran de tots. Va notar que, en un instant, el que coneixia de feia temps passava a ser nou i diferent. El mateix paisatge de sempre mostrava una altra realitat aliena a la rutina, l'hàbit i la mirada repetitiva. Commogut, es va deixar caure al terra al costat del noiet, i mentre li amanyagava els cabells li va dir:

—Saps què? M'acabes de donar una gran lliçó: *Sovint ens fan por els nous reptes perquè tenim una imatge tancada de nosaltres mateixos, dels altres i de la vida, com si portéssim una armadura, que ens protegeix, però que també ens impedeix de moure'ns.* Aquesta armadura ens dificulta veure la realitat amb una mirada nova i diferent i ens impedeix de canviar. *Potser el que hauríem de fer és contemplar la vida amb la mirada innocent d'un infant.*

En Sid va assentir:

—Saps què? *Quan alguna cosa em fa por, el que faig és mirar-la d'una manera diferent i sempre descobreixo noves formes de superar la por* —va afegir el nen.

Admirat, el va aixecar i li va fer un petó a la galta amb tota la tendresa i l'amor que sent un pare per un fill. Després, se'l va pujar a collibè i va córrer amunt i avall entre riures i bromes.

Quan el va deixar a terra, es va agenollar, va agafar-li les mans i li va dir:

—Vull que aquests dies vagis a casa de l'Ànima, ella s'ocuparà de tu fins que jo torni. Cuida bé els cignes i, quan els donis menjar, recorda't de mi.

Al galop per les sendes del bosc, va anar a trobar l'Ànima, la seva estimada, mentre pensava en la importantíssima lliçó que li havia donat un vailet de set anys: «*Encara que res no canviï, si jo canvio, tot canvia*».

V

La Font de Cristall

L'Ànima vivia en una casa senzilla enmig del bosc, a prop del llac dels Dotze Cignes, al costat de la Font de Cristall, on brollava un aigua d'una puresa singular.

I cap a ella es dirigia quan va trobar el Jove Cavaller satisfent la seva set. La trobada dels dos enamorats es va vestir de caloroses abraçades, somriures, carícies i petons. Van seure al costat del brollador i es van entrellaçar les mans. Ell li va explicar tot el que havia succeït aquell dia: la petició del rei, la seva decisió de viatjar a la Terra del Destí i el comiat dels seus amics i d'en Sid. Va amagar, això no obstant, els seus profunds dubtes i pors, així com la temptació que, aquell mateix dia, li havia passat pel cap: fugir, abandonar-ho tot, escapar-se per sempre.

L'Ànima l'escoltava amb tota l'atenció mentre li acariciava la mà. Quan el cavaller va acabar de parlar i li va anunciar la seva intenció de consultar al mag què era el que havia de fer amb el seu futur, ella, mirant-lo fixament als ulls, li va dir:

—Tens por, oi?

El Jove Cavaller va sentir que l'Ànima li havia llegit el pensament. No va saber què respondre; tan sols va abaixar la mirada cap al terra.

L'Ànima va seguir parlant:

—Tingues confiança. El rei no hagués recorregut a tu si no pensés que pots assumir el repte que et proposa. Espera, et donaré una cosa. Recordes que, quan érem nens, tu, jo i uns altres joves del regne vam plantar milers de llavors de roure i alzina a la terra erma després de la fugida d'en Nul amb en Janus i l'Albor?

El Jove Cavaller va assentir i llavors l'Ànima va agafar el penjoll d'or del seu collaret. El va obrir i en va extreure una llavor de roure.

—Aquesta llavor me la va regalar la reina. Em va explicar que, segons la llegenda, va ser la primera llavor que va donar el vell Dru, el roure mil·lenari situat al centre de la vall, al costat de casa d'en Manllum. Ella me la va donar com el més valuós dels tresors el dia del meu desè aniversari. Més d'una vegada, durant el temps que vaig ajudar-la a tenir cura de les roses del seu jardí, em va tractar com la filla que no va tenir mai. Jo també l'estimava com la mare que no vaig conèixer mai... Sé que aquesta llavor significava molt per ella.

Va posar la llavor a la mà dreta del jove i la va tancar amb les seves.

—Pren-la i porta-la amb tu perquè t'acompanyi en el procés de decidir el teu destí. Vull que estigui prop del teu cor.

L'Ànima va guardar de nou la petita llavor dins del cofre d'or i va penjar el collaret al coll del seu estimat. Mentre s'abraçaven, li va xiuxiuejar:

—Aquesta llavor simbolitza l'esperança i la confiança que no has de perdre mai, però sobretot és l'emblema de la potència que és capaç de desplegar la vida.

Mira-la com el gran arbre ple d'altres llavors que pot arribar a ser, com el bosc que conté en la seva essència. Un bosc que és ple de possibilitats infinites, com la vida mateixa.

Li va agafar la mà i va afegir:

—La reina sempre em deia que *qualsevol petita llavor, per diminuta que sigui, sap en la seva essència que pot arribar a ser una bonica flor o un gran arbre.*

Començava a fer-se fosc i una espessa boira davallava lentament des dels cims de les muntanyes i cobria el bosc. Havia arribat l'hora de marxar cap a l'interior de la vall. Havia arribat l'hora de dirigir-se cap a casa d'en Manllum.

—Sisplau, cuida el petit Sid durant la meva absència —li va demanar el cavaller.

—Així ho faré —va respondre l'Ànima, que a continuació va xiuxiuejar a l'orella:— Vagis on vagis, siguis on siguis, la meva ànima sempre serà amb tu.

Petons i carícies van segellar la trobada.

De nou a cavall de Kam, va iniciar el viatge en direcció a la casa d'en Manllum. Pel camí, quan la clara lluna plena es va elevar rere les muntanyes i els arbres van dibuixar les seves ombres al camí, hi va veure una vegada i una altra la silueta de l'Ànima. Una idea li va envair la ment: «Els arbres no pensen en el seu futur, són arrels que busquen la llum i, seguint-la, creixen. L'arbre és, i, en la seva existència, mostra tota la seva bellesa, no té les limitacions del que creu que és, *a diferència dels humans, als quals tan sovint ens limita el que creiem que som. I això que creem de nosaltres mateixos és el que creem en la realitat.*»

Quan ja entreveia a la llunyania el petit foc que delatava la casa d'en Manllum, va tenir un darrer pensament: «*Sovint, la idea que tenim de nosaltres mateixos pot ser la nostra principal limitació*».

VI

La vall de les Deu Muntanyes

En Manllum vivia en una petita cabana de pedra amb la teulada de brossa. El foc de la casa il·luminava el bosc amb una llum tènue i càlida a través de tres petites finestres. La casa estava construïda a pocs metres d'en Dru, el roure més gran i vell sobre la faç de la terra.

El tronc d'en Dru era d'un gruix extraordinari, tant que es necessitaven dotze homes amb els braços estesos per circumdar-lo. La copa era tan ampla i alta que, a l'estiu, l'ombra que projectava cobria una superfície més gran que la de l'immens pati del castell reial, i a la capçada hi feien niu a la primavera centenars d'ocells.

En Manllum hi vivia des de feia tant de temps que cap habitant del regne no sabia quina era la seva edat.

Quan va arribar, va trobar el mag parlant en solitud amb la mirada posada en una de les branques de l'arbre. «Xacres de la vellesa. Tants anys deuen començar a pesar-li», va mussitar per si mateix el cavaller.

En veure'l, en Manllum va exclamar amb la seva veu càlida, greu i ferma:

—Amic meu! Poc em pesen els anys malgrat portarlos a coll! Per cert, la meva oïda és molt fina encara... T'estava esperant! Des d'aquest matí sabia que vindries a veure'm.

—Com podies saber-ho? —va preguntar el cavaller.

—El vent, els arbres i, sobretot, els ocells m'ho han dit... Vine, vull presentar-te qui va ser el meu mestre. Feia molts anys que no el veia i avui s'ha presentat per sorpresa.

El Jove Cavaller va mirar al seu voltant sense veure-hi ningú. De sobte, l'udol d'un mussol va atreure la seva atenció.

El cavaller va exclamar:

—Manllum, aquí no hi ha ningú! Només hi veig un mussol!

—Només un mussol? I et sembla poc? A més, ets un mal educat, hauries de tornar-li la salutació. No te n'has adonat, que t'acaba de donar la benvinguda?

—A mi?! El mussol m'ha saludat a mi?! —va remugar, incrèdul, el cavaller.

En aquell instant un preciós mussol blanc va volar des d'una d'aquelles gruixudes branques d'en Dru i es va posar, elegant, sobre l'espatlla d'en Manllum.

—Et presento l'Ulldor, el meu mestre —va afirmar en Manllum.

—Com?! M'estàs dient que aquest mussol, a més de parlar, és el teu mestre?! —El cavaller no es podia creure el que veia i sentia.

—No t'hauries de sorprendre —va respondre el mag blanc—. Només quan aprenem el llenguatge dels ocells accedim a la veritable saviesa. No pot haver-hi saviesa sense aprenentatge, però tot al seu temps. L'Ulldor no solament ha estat el meu mestre, també va ser-ho de Merlí i de molts altres mags al llarg de la història. L'Ulldor és guia, mestre de mestres, l'ànima més sàvia que viu i ha viscut al regne.

El mussol, amb la mirada fixa en el cavaller, semblava escrutar la seva ànima. Era una au bellíssima. Els iris dels seus ulls semblaven fets d'or i a sobre hi destacaven unes pupil·les negres. El seu port era summament elegant, la mirada tendra i ferma alhora, i el seu ulular semblava confondre's amb el vent del bosc. El blanc del plomatge era immaculat i, en efecte, semblava l'encarnació de la bondat i la saviesa.

En Manllum va tornar a prendre la paraula:

—He de dir-te, a més, que l'arribada fins aquí de l'Ulldor no és casual... Bé, mai res no és casual —va xiuxiuejar en Manllum per a si mateix.

Va seguir parlant:

—No cal que m'expliquis res, sé la proposta que t'ha fet el rei i conec la teva resposta. Sé també a qui has vist avui i què t'han dit. Digues, què vols de mi?

—Saps, llavors, que és desig meu, abans d'acceptar aquesta responsabilitat, de buscar en Janus i trobar l'espasa Albor. Però dubto, Manllum, com mai abans a la meva vida. Què he de fer?

La veu i l'expressió del rostre del mag van agafar un to greu i el rostre va reflectir una preocupació profunda. Amb la mirada fixa en el seu deixeble, va respondre.

—Et sents confós, oi? Creus que és una càrrega massa pesada per a tu. Però no esperis que et digui què has de fer, no puc decidir per tu quin ha de ser el teu destí! *Teu és el repte; teva ha de ser l'elecció. Ningú no pot decidir per tu, com tampoc ningú pot pensar, aprendre ni buscar per tu. Ningú no pot fer el que només tu pots i has de fer!*

—Però la responsabilitat i el repte són tan grans...! —va insistir el cavaller.

—Sí que ho són. Però davant dels grans reptes, davant d'allò que ens fa l'efecte que és impossible, davant dels canvis inesperats, la vida ens ofereix la possibilitat de reconèixer-nos i de saber fins on podem arribar —va postil·lar el mag—. Així que aprofita aquesta oportunitat extraordinària!

—La qüestió és que no sé si estic preparat per endinsar-me a la Terra del Destí, per assumir el poder —va manifestar, tímidament.

En Manllum va guardar un silenci llarg i profund. Després, es va acariciar la barba blanca, va agafar el seu bastó nacrat i va afirmar:

—Que «*el* poder» no et preocupi, ocupa't més aviat del «*teu* poder». Només que accedeixis al «*teu* poder», et trobaràs en condicions reals d'exercir «*el* poder».

—I quina és la diferència entre l'un i l'altre? —va preguntar, perplex, el cavaller.

—És molt senzill: que tu decideixis ser el resultat de les teves actituds, accions i decisions... Això és poder! *Creu-me, només quan desenvolupes «el teu poder» pots exercir amb propietat «el poder» de governar allò que és més gran que tu.*

Aleshores, el mag blanc va mirar cap al gran Dru i va dir:

—Ara has de preparar-te per viatjar cap a la Terra del Destí. És el viatge més important que pot fer i ha de fer qualsevol cavaller que faci front a un repte vital, ja que proporciona a qui decideix fer-lo el coneixement més profund sobre ell mateix i, com a conseqüència, el poder més gran. Perquè només coneixent-te sabràs triar el teu lloc al món i com exercir-hi el *teu* poder.

En aquell moment, l'Ulldor va tancar i va tornar a obrir les parpelles a poc a poc, com si amb aquell gest volgués reafirmar el que en Manllum acabava de dir. Després, va udolar un parell de cops.

En Manllum va tornar a prendre la paraula:

—És ben cert el que acaba de dir l'Ulldor: avui més que mai el món necessita cavallers amb integritat, valor, voluntat d'excel·lència, vocació de servei i un respecte profund per si mateixos, per la humanitat i per la mare Terra. Que no t'amoïni si finalment ets digne de ser rei o no. El més important és que trobis el *teu* poder. Però he d'advertir-te que en el viatge cap a la Terra del Destí no hi ha marxa enrere ni dreceres.

El Jove Cavaller va notar un calfred que li recorria el cos, ja que havia sentit moltes llegendes sobre aquell estrany territori. Es parlava de dracs que sense esforç podien derrotar el cavaller més valent i, el que encara era pitjor, es deia que mai ningú que s'hagués endinsat en aquell territori en busca del desaparegut príncep Janus i de la màgica Albor no n'havia tornat, la qual cosa s'explicava com una victòria més del terrible Nul, Senyor de les Tenebres.

El cavaller, tot i això, es va sobreposar al moment i, dirigint-se cap a en Manllum, va dir:

—Vull enfrontar-me als meus reptes, demostrar la meva vàlua, i si per fer-ho he d'iniciar aquest viatge, estic disposat a fer-lo. Desitjo complaure el meu rei, però també em mou l'afany per trobar el príncep i l'espasa reial. Si ho aconsegueixo, el rei moriria acompanyat del seu fill, legítim hereu del regne, i de la seva espasa. Tot recuperaria l'ordre que mai no s'hauria d'haver alterat.

—Ens alegra escoltar això! —van respondre alhora l'Ulldor i en Manllum amb veu i udol encavalcats—. És molt generós i valent de la teva part pensar així. Així, doncs, acompanya'ns: l'entrada a la Terra del Destí és en una cova oculta sota les arrels d'en Dru.

I així va ser com l'Ulldor, enfilat a l'espatlla d'en Manllum, i aquest, seguit del Jove Cavaller, es van dirigir cap a l'entrada de la Terra del Destí, amagada entre les arrels d'en Dru, l'arbre més gran i més vell sobre la faç de la terra.

VII

Sota les branques d'en Dru

En arribar a la base d'en Dru, en Manllum va agafar la seva vara, va apuntar cap al centre del tronc del gran arbre i va pronunciar unes paraules que van sonar com el murmuri de la brisa. Era un conjur de màgia blanca que l'Ulldor va acompanyar amb un lleuger pestanyeig. Llavors, l'enorme escorça d'en Dru es va obrir a poc a poc, com una cortina dura i pesada que hagués estat tancada durant molt de temps. Davant dels ulls de tots tres va aparèixer la boca d'una gruta fosca que semblava baixar cap a les entranyes de la terra. La foscor era total, i el buit, infinit.

Llavors en Manllum va dir:

—He d'advertir-te que aquest viatge l'hauràs de fer sense armadura ni espasa. També hauràs de renunciar a en Kam, el teu fidel i preciós cavall. Jo en tindré cura durant la teva absència. Per conèixer el teu destí les teves úniques armes seran el teu cor, el teu pensament i la teva força. Aquesta missió només és teva i només depèn de tu que trobis el *teu* poder. El que facis, hauràs de fer-ho tot sol. Només pots portar la llavor de l'Ànima, ja que conté la mateixa essència que l'arbre on s'oculta l'entrada i és el regal que neix del cor de la persona que més estimes. Pots i has d'entrar amb la llavor que toca el teu cor.

Llavors, el semblant del mag blanc va agafar un aire seriós, que delatava una certa preocupació. El Jove Cavaller, inquiet davant d'aquella expressió, va preguntar:

—Durant aquest viatge, em trobaré amb l'infame Nul, oi? La vostra expressió us delata...

—Potser... Potser el trobaràs tu o potser serà ell qui vagi a buscar-te. Sens dubte utilitzarà tot tipus de beuratges i de paranys per tal d'evitar que tornis, ja que si ho fas passarien dues coses que ell no desitja: que tornis amb el príncep Janus i amb l'Albor, o que no trobis el príncep ni la espasa, però que en tornar decideixis assumir el poder. Estigues, doncs, alerta ja que hauràs de superar moltes proves i no seran fàcils...

Amb els nervis a flor de pell, el cavaller va tornar a preguntar:

—Digues-me, mestre, el meu destí ja està escrit? Començo aquest viatge cap a un oracle que em dirà el que em passarà?

En Manllum va somriure i, a continuació, el seu rostre va adquirir una expressió solemne.

—No, amic meu, el teu destí encara no està escrit ni condicionat. Seràs tu qui decidirà a quines situacions fer front o lliurar-te i seràs tu qui, en darrer terme, faràs de tu el que vulguis ser. *Tu determines el teu futur dins dels límits i les possibilitats del teu entorn. Tens la llibertat de decidir, així que fes-ne ús.*

L'Ulldor va semblar que xiuxiuejava alguna cosa a l'orella del mag blanc.

—És veritat, mestre: *viure és assumir la responsabilitat de decidir, i és en l'exercici d'aquesta responsabili-*

tat on rau la llibertat —va afegir en Manllum, amb un gest d'assentiment.

El Jove Cavaller va dirigir la mirada cap a l'abisme cap a on portava la gruta embrossada d'arrels gruixudes. Un vent sec i gelat, que semblava fill de la por i que sorgia del fons de la cova, fuetejava el rostre del cavaller, que, amb una expressió de profunda preocupació, va preguntar a en Manllum:

—Moriré?

Llavors el mag blanc va agafar la seva vara i, mentre s'hi recolzava, va fixar els ulls en els del seu deixeble. Un somriure tendre li va aparèixer a la cara.

—Sens dubte! Algun dia... Quan? No ho sé i, francament, això és el menys important. Sigui com sigui, aprofita el temps, ja que el temps és, en essència, vida. No el perdis, ja que si ho fas, malgastes el do més sagrat que rebem en néixer. A més, considera que el fet de no saber quin dia arribarà la teva hora és una sort, ja que això et convida a viure cada instant amb tot el teu ésser. Tingues molt clar el següent: el temps pot ser el teu millor amic i aliat o el teu enemic més feroç. Actua, doncs, en conseqüència.

L'Ulldor va udolar suaument a cau d'orella del mag blanc. En Manllum va traduir el missatge:

—Molta raó té l'Ulldor: *aquesta vida se'ns dóna com una gran oportunitat. Pocs són els que decideixen preparar-se per aprofitar-la*. Viu aquesta prova com una part d'aquesta preparació.

En aquell moment, el Jove Cavaller va fer un pas enrere i, mirant el mag blanc, li va dir:

—Però tu, Manllum, pots veure el futur. Digues-me què passarà!

En Manllum va respondre:

—Tots som, en part, mags i visionaris...

—No t'entenc —va replicar el Jove Cavaller.

—És molt senzill. *Si vols endevinar el futur, crea'l des d'aquest moment... El futur ets tu mateix, és dins teu; tu en decideixes el signe. El futur no és a les mans del temps, és a les teves mans...* Sens dubte, l'atzar existeix, però la diferència rau en com decideixis jugar el que et brindi l'atzar i en com decideixis construir el signe de la teva bona o mala sort. Això sí, tingues molt clar que *resignar-te és perdre abans de començar a jugar.*

En Manllum va seguir parlant:

—*El futur neix de la teva visió i del teu desig. La realitat que trobis serà el resultat de l'una i de l'altre. Per tant, has de veure més enllà de la realitat del moment per crear el que encara no existeix i per convertir-te en allò que encara no ets.*

El Jove Cavaller va assentir i va començar a deixar anar el cinyell que aguantava la seva espasa. Va deixar a terra, davant de la cova, l'espasa de dues mans, l'armadura i l'escut.

Es va apropar de nou, tímidament i lentament, a l'entrada de la gruta. Llavors, adreçant-se dubitatiu al mussol i al mag blanc, va remugar:

—He de fer aquest pas ara? Potser no és el moment més adequat...

—Amic meu —va respondre en Manllum—, hi ha gent que no fa mai res perquè es passa la vida esperant «el moment adequat». I saps què?, *«el moment adequat» no depèn del temps: depèn de tu. I no cal que sigui un altre moment diferent d'aquest.*

El cavaller va assentir amb un sospir i va tornar a remugar:

—Si he d'anar-hi sol i sense armes, per què no em faciliteu un conjur que em protegeixi de l'adversitat? No em podeu transmetre part de la vostra màgia?

—Mira, noi, la màgia no és qüestió de sortilegis o beuratges, és una cosa molt més seriosa: *és qüestió de treballar!* —va afirmar, contundent, el mag blanc.

Just en el moment en què el Jove Cavaller anava a fer la primera passa per entrar dins la cova, va sentir renillar en Kam. Aleshores, el cavaller es va girar cap a ell i va apropar-hi el front fins a tocar el cap de l'extraordinari cavall. Mentre li acariciava el fort coll, li va parlar:

—El meu fidel Kam... No t'havia oblidat... Tot i que no siguis amb mi, em faré meves la teva noblesa, la teva força i la teva velocitat. Espera'm aquí, sé que tornaré per plantar cara amb tu a nous reptes!

En Manllum va tornar a prendre la paraula:

—Bé, estimat amic, és hora que iniciïs el teu viatge. *Hauràs d'estar molt alerta, tant per superar les proves que t'esperen com per fer que els teus somnis es facin realitat.* Mantingues els ulls oberts, els peus lleugers, el cor pur, la mà decidida, l'oïda atenta i la veu clara.

—Així ho faré! —va prometre el Jove Cavaller, que va notar, malgrat la fredor d'aquella nit, com unes càlides gotes de suor li baixaven per la nuca, l'esquena i el front. Va respirar fondo i va franquejar l'entrada cap a la Terra del Destí.

Darrere seu va sentir dir a en Manllum:

—El que li succeeix a un home, els pot succeir a tots. No vivim vides tan diferents. També jo, fa centenars d'anys, vaig decidir entrar-hi, i aquí em tens. L'Ulldor també ho va fer abans que jo, i aquí el tens... Tingues confiança i lliura't amb tota la teva ànima a les proves que hagis de superar. Sigui quin sigui el resultat, haurà valgut la pena. En tot cas, *més important que el lloc on et porti aquest viatge que ara comences és la manera com decideixis caminar-hi.*

El Jove Cavaller, després d'escoltar l'última reflexió del seu mestre, es va acomiadar amb una lleugera i respectuosa inclinació de cap mentre serrava els punys en un gest que no amagava el seu intens temor.

Un cop a l'interior de la cova i després de baixar els primers set graons, es va aturar i va observar la inacabable galeria que semblava endinsar-se cap a un abisme fosc, tenebrós i fred.

Va ser en aquell moment quan en Dru va començar a tancar a poc a poc la seva escorça gruixuda i dura. El cruixir del gran tronc, l'olor de la terra molla i florida i la llum tènue de la lluna plena que penetrava amb dificultat per l'obertura d'entrada cada cop més petita van ser les darreres sensacions que el cavaller va tenir abans de sentir-se tot sol en una buidor freda, mancada de llum i de soroll.

Temorós i angoixat, va recordar la frase que tan sovint repetia el rei als seus cavallers quan es preparaven per al combat: «Només descobrireu la vostra ànima i qui sou en l'adversitat, el canvi, el coratge i la mort. Que el crit de la vida dins vostre us il·lumini! L'amor tot ho venç!»

Ja no hi havia marxa enrere. Llavors el Jove Cavaller va pensar en els seus tres bons amics, en Sid i l'Ànima, i va notar com en el seu interior trobava la llum a la qual feia referència el rei.

Va pensar també en la llunyana esperança de rescatar el príncep Janus, el legítim hereu del regne, i la màgica Albor, l'espasa del poder. Aquella visió i aquell desig van ser un bri d'esperança que li va permetre seguir aquell corriol sense destí ni final aparents.

SEGONA PART

El viatge per la Terra del Destí

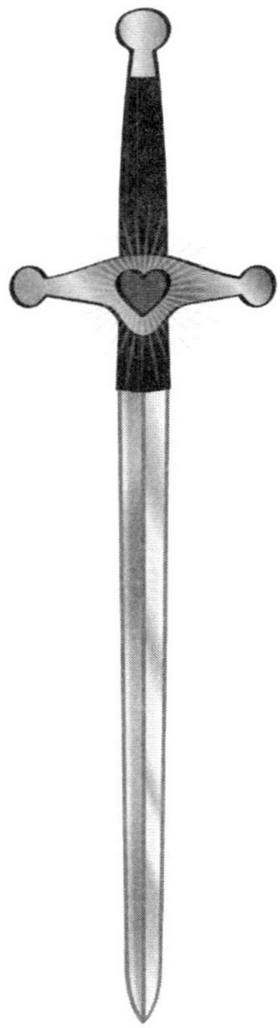

VIII

Ombra i foc

Solitud, incertesa i temor a cada passa que feia, immers en la foscor més densa, el fred més cru i el més profund dels silencis. Va ser un caminar lent, a les palpentes, que el va portar a perdre la noció del temps i la distància —deu mil passes?, més?— fins que va topar amb una gran roca que bloquejava el que semblava la sortida de la cova. Va intentar moure-la, però no va poder. Què podia fer? Era impossible tornar enrere. La set era ja insuportable i la gana començava també a fer-li efecte. «No conec cap conjur que permeti moure tal mola i no tinc prou força», va pensar. Llavors va recordar aquelles paraules que en Cop li havia dit abans d'iniciar el viatge: «No et rendeixis mai!» Va decidir empènyer de nou la roca amb totes les seves forces. Va empènyer i empènyer sense treva, però, després de desenes d'intents, esgotat i amarat de suor, es va asseure al terra i es va dir: «Em rendeixo, he caigut en una trampa de la qual no sé sortir. Aquí trobaré la meva mort.» Però de nou li va venir al cap el que tan sovint havia sentit dir amb ironia al seu amic Cor: «Tant l'optimista com el pessimista acaben morint, la diferència rau en com han viscut la vida i, per tant, en com afronten la mort». Tot i estar exhaust, es va aixecar i va tornar a empènyer amb tota la seva ànima. De sobte, va notar, perplex, que la roca començava a desfer-se. Allí on posava les mans impregnades de suor, la roca es fonia com si la seva pell fos ferro roent i la pedra, gel. Va seguir empenyent amb la força d'en Kam i l'enorme mola es va anar ensorrant als seus peus, fins que es va desfer i va deixar entrar la llum a la gruta. Finalment, un raig encegador el va obligar a cobrir-se els ulls amb el braç dret mentre feia l'última passa que li permetria sortir del túnel.

A causa del gran esforç que havia realitzat, va caure de genolls a terra. Mentre recuperava l'alè, una veu suau li va parlar.

—Enhorabona, Jove Cavaller.

Sorprès, es va girar i va veure que qui li parlava era una dona preciosa.

—El meu nom és Grava i la meva essència és la sal. La sal que dóna la vida a la teva sang, a la teva suor i a les teves llàgrimes. *Només si et fons amb mi m'obro a tu i et permeto accedir a allò que ha d'arribar*. No oblidis mai el que t'acabo de dir, i ara, prossegueix el teu camí.

Després de pronunciar aquestes paraules, la Grava es va integrar a poc a poc en si mateixa, en una subtil dansa d'elegància i bellesa sublim que la van portar a recuperar la seva forma original de roca, i a situar-se de nou al seu lloc.

Atònit, el cavaller es va acomiadar de la Grava, la Dama de Sal, amb la mà al cor i amb una inclinació respectuosa mentre retrocedia sense donar-li l'esquena.

Llavors es va girar i es va trobar davant un paisatge espectacular: un prat vast com un oceà de bellesa extraordinària. Hi havia flors de tots els colors, arbustos replets de baies i arbres plens a vessar de fruits. Havia passat d'una primavera incipient al regne d'Albor a un estiu pletòric on va suposar que era la Terra del Destí.

El cavaller va menjar delicioses baies i algunes pomes. Va beure també aigua cristal·lina d'un rierol que semblava procedir dels cims nevats que s'albiraven a la llunyania. Va aprofitar per rentar-se el cos i la roba, i després d'eixugar-la al sol, va decidir seguir el camí fins a les muntanyes llunyanes, l'única referència que destacava en aquell oceà de verdor.

Mentre caminava, va pensar angoixat en la petició del rei i va dubtar sobre la possibilitat de trobar amb vida en Janus i de recuperar l'Albor, així com sobre la seva capacitat per assumir la corona si no quedés una altra opció. Inesperadament, una densa ombra va amagar el sol.

Un calfred intens li va recórrer el cos. Des de la llunyania, una monstruosa silueta s'abalançava imparable cap a ell. No es podia creure el que veia!

El seu instint el va portar a sortir corrent en direcció contrària, però va topar amb un mur de roques. Acorralat i sense alternativa, va decidir mirar la foscor que planava damunt d'ell i va descobrir amb pànic que es tractava d'un immens drac que ocultava la llum del sol. Ombra i foc semblaven ser-ne l'essència. La seva alçada era més gran que la més alta de totes les muntanyes, els ulls semblaven dos sols vermells gegantins. El seu cos estava cobert d'escames negres i gruixudes, les urpes eren afilades i les ales desplegades cobrien la cúpula celeste. Les flames que expulsava de la gola eren cada vegada més a prop d'atrapar-lo.

No hi havia cap fugida possible. L'única opció era morir o trobar una manera de vèncer-lo.

«Tinc por, però no he de ser covard. No sé com, però he de plantar-li cara», es va dir quan l'immens drac ja es trobava a pocs metres de distància amb les seves titàniques urpes clavades al terra.

Drac i cavaller es van mirar als ulls i, tot i que la intensitat de la mirada del monstre era gairebé encegadora, el jove es va mantenir ferm i el va desafiar:

—Què sou, qui sou? —va cridar amb tota la força dels pulmons.

El drac va desplegar enèrgic les immenses ales, va aixecar el cap al cel i va emetre un crit ensordidor, alhora que milers de flames li sortien de la gola i il·luminaven el firmament. Una veu tenebrosa va sonar.

—Sóc un drac, sóc aquell malson que s'amaga a la teva ànima, i hauràs de vèncer-me per seguir endavant.

—Vèncer-te a tu?

—Sí, però no només a mi...

Desconcertat, el Jove Cavaller va sacsejar el cap. No entenia aquelles paraules.

—Sóc el drac de la Por, aquell que barra el pas a qui vol crear el seu destí, aquell capaç de produir allò que es tem. He sentit la crida de la teva veu interior. Vinc a destruir el teu futur, a fer-te perdre tot allò que pots perdre. He notat la teva por de perdre, i sóc aquí per complaure aquest desig que tants humans teniu sense saber-ho: el desig de perdre...

El monstre va deixar anar una riallada esgarrifosa, de goig i de tristesa alhora, una rialla que combinava el més profund dels desconsols amb una alegria cruel. Va seguir parlant:

—La por de perdre us fa perdre! I jo sóc aquí, amagat en la part més profunda de la vostra essència, per matar els vostres desigs, els vostres somnis i la vostra vida. La meva funció és destruir qualsevol anhel que l'ànima humana tingui. Com més por em teniu, més fàcil és la meva feina. He aniquilat ja milers d'humans. Com més afanys destrueixo, més creixo i més poderós sóc. La vostra mort és la meva vida. Acabem d'una vegada!

El drac va obrir la boca per mostrar les genives i les dents ensangonades, va serrar les seves urpes negres amb tota la ràbia i fúria imaginables, va inflar el pit i va emetre un nou crit eixordador, tan carregat d'odi i fúria que va fer tremolar la terra.

Va ser llavors quan el Jove Cavaller, mirant els ulls del monstre, va entendre que, en realitat, era ell qui alimentava aquell drac amb la seva por. En una exhalació va pensar que la por podia fer-li perdre-ho tot, fins i tot la vida. Aleshores va recordar les paraules del petit Sid abans de la seva partida i, en un cop de coratge, en lloc de protegir-se o fugir espaordit, va decidir fer un pas endavant i plantar cara al drac. Aquest va aturar el seu immens cap a pocs metres d'ell.

El cavaller va seguir mirant de fit a fit el monstre i va veure amb nitidesa que l'odi de la seva mirada amagava, en realitat, una por profunda. Es va adonar que el seu nom era drac de la Por no pel pànic que infonia a qui el veia, sinó perquè ell, en essència, *era* la por. Les paraules d'en Manllum van ressonar-li dins del cap:

«Més que vèncer les teves pors, és millor escoltar-les i convèncer-les. Sempre tindran alguna cosa important a dir-te, ja que et parlaran dels teus anhels més profunds».

De sobte, el drac va començar a mutar, va disminuir de mida i va començar a perdre aquella ràbia demolidora. El cavaller, segur de si mateix, va fer una segona passa cap endavant. Sense temor i amb el drac gairebé a tocar de la mà, li va dir:

—Acabo d'entendre que no he arribat a tu per casualitat. He vingut aquí per escoltar-te. Crec que els teus crits, la teva ràbia i el teu foc guarden un gran poder que he negat durant molt de temps.

El drac, el color del qual havia passat del negre al gris i els ulls del qual perdien el fulgor rabiós que neix de la ira, va prendre la paraula:

—Com més m'observis, com més m'escoltis, menys poder tindré per bloquejar-te, per paralitzar-te. *Si em negues, et sotmetré; en canvi, si m'acceptes, et transformaré.*

El jove va respondre:

—Tu ets dintre meu. Reconec, accepto i agraeixo el teu missatge. D'ara endavant, prometo no ignorar-te i reconèixer que tu, drac de la Por, amagues i guardes un gran poder.

Dit això, el cavaller va fer una tercera passa endavant, en un signe de confiança i lliurament total, mostrant els palmells de les mans al drac... I va succeir una cosa miraculosa. El drac es va transmutar per complet i va agafar la forma d'un preciós unicorn blanc, els ulls del qual tenien la més noble de les mirades i la veu del qual parlava des d'una profunda pau. Llavors l'unicorn va parlar:

—Presta molta atenció al que ara et diré: *la por de perdre et fa perdre*. Mitjançant la por creem dracs interiors que, sense adonar-nos-en, ens limiten. D'aquesta manera, vivim una vida plena de restriccions imposades per nosaltres mateixos i creiem que això és l'única cosa que existeix. La nostra càrrega més pesada no són els reptes que ens presenta la vida, sinó els monstres que creem mitjançant les nostres pors, els nostres dubtes, les nostres inseguretats i limitacions.

Després de mirar cap al cel, l'unicorn va prosseguir:

—Vés més enllà de les teves limitacions, convenç les teves pors, parla amb els teus dubtes i escolta les teves inseguretats. Quan ho facis veuràs que cada repte que acceptis serà una tria que et farà créixer i t'adonaràs que, desembarassat de la por, el repte es convertirà en una oportunitat extraordinària. I ara, tot i que em vegis partir, la meva ànima es quedarà amb tu. Segueix el teu camí en pau.

L'unicorn va marxar cap als alts cims nevats, traçant un rumb que el Jove Cavaller va decidir seguir.

Cansat de tantes emocions, el cavaller va buscar refugi sota una pomera i s'hi va ajaure per descansar. El sol es ponia i era hora de reposar forces.

Recolzat al tronc de l'arbre, mentre assaboria una poma i el crepuscle donava pas a un firmament clar sembrat de milers d'estrelles brillants, va reflexionar sobre el que havia après gràcies al drac de la Por: «*El coratge canvia la visió de la vida*».

Llavors va recordar els seus temors davant el repte del rei, els seus dubtes i les seves inseguretats. I va pensar que, en realitat, no ens equivoquem quan assagem diferents camins per assolir els nostres anhels, sinó quan, per por d'equivocar-nos, no avancem.

Per primera vegada des de la seva trobada amb el rei va sentir que la decisió que havia pres en entrar a la Cova del Destí tenia sentit i havia valgut la pena.

«Demà prosseguiré. Sé que trobaré el príncep Janus i l'Albor!», es va dir somrient al mateix temps que tancava els ulls amb la certesa que el camí encara era llarg i que, l'endemà, hi hauria altres coses per aprendre.

IX

El poder del coratge

Quan el Jove Cavaller agafava el son, una veu el va sobresaltar:

—Bo-bo-bo-bona nit!

Es va posar dret d'un bot. «Quina veu tan estranya!», va pensar. «Sembla un mussol parlant!»

Va mirar d'esquerra a dreta, de dalt a baix, però no hi va veure ningú.

—Sóc aquííííí!

Just sobre el cap, posat en una branca de la pomera, va veure, atònit..., l'Ulldor!

—De què et sorprens, jovenet?! O millor he de dirte senyor Jove Cavaller!? —va exclamar, burleta, el mussol blanc.

—Pe... pe... però si parles! —va balbucejar el cavaller, encara perplex.

—És clar que parlo! O potser creies que en Manllum et mentia? Millor faries de dir: «Pe... pe... però si ara t'entenc!» —va exclamar l'Ulldor, bromista, mentre li picava l'ull.

I el cavaller va repetir, sense adonar-se'n:

—Pe... pe... però si ara t'entenc!

—Veus, jo sóc un mussol xerraire, i tu... un lloro!

—Com dimonis puc entendre el que em dius?! Quin encanteri m'has llançat? —va exclamar el jove.

—Més aviat hauries de dir de quin encanteri *m'he alliberat* —va murmurar, sorneguer, el preciós mussol blanc.

L'Ulldor va sospirar i va reprendre la paraula:

—Fa molt de temps que els humans van perdre la capacitat d'entendre el llenguatge dels ocells! Molt de temps... I a dir veritat, no solament ets capaç ara d'entendre'm a mi, també vas entendre el drac i l'unicorn.

—Però com ha estat possible? —va insistir el cavaller.

—Senzillament perquè has après a escoltar o, millor hauria de dir, a *escoltar-te*.

L'Ulldor va indicar al cavaller amb un petit gest que s'hi acostés. S'hi va aproximar i el mussol li va xiuxiuejar:

—Mira, noi, escoltar és una de les coses més difícils de fer. Per escoltar has d'estar obert a l'altre, sense prejudicis ni memòria, en total disposició d'entendre. Només els valents saben escoltar de veritat i actuar en conseqüència. Et felicito per això, estimat amic, ja que has obtingut un poder important.

—A quin poder et refereixes?

—Al poder del coratge. Contràriament a allò que pensen alguns humans, *el coratge no és la simple absència de la por, sinó la consciència que hi ha alguna cosa important per la qual val la pena arriscar-se*. I si, podent i havent-ho de fer, no exercim aquest poder, s'esfuma a poc a poc de la nostra ànima fins que la resignació, l'apatia, la mandra i la tristesa ens devoren. I a més, deixa'm que et digui una altra cosa important: saps quin és el drama més gran de l'espècie humana?

—L'ignoro.

—Que massa sovint no us adoneu d'allò que sou capaços de fer perquè no us coneixeu. *No us adoneu que centenars de somnis que desitgen fer-se realitat es perden per la por del mateix somiador.*

El mussol blanc va indicar amb el bec el camí que havia marcat l'unicorn en els verds prats en marxar i va apuntar:

—*Els que ho aconsegueixen, poden perquè creuen que poden, perquè saben que poden, perquè coneixen les seves capacitats i els seus límits i treballen per superar-los.* Grava't a foc el missatge del drac! «*La por de perdre et fa perdre.*»

El Jove Cavaller es va quedar molt pensarós davant les reflexions de l'Ulldor, que va continuar dient:

—L'exercici del coratge et portarà a poders més grans. Recorda: el coratge no venç la por, sinó que la convenç i, en convèncer-la, fa que la seva energia es converteixi en la més poderosa de l'Univers.

—I quina és aquesta energia? —va preguntar, entusiasmat, el cavaller.

L'Ulldor va esbossar llavors un somriure ampli i serè.

—En el moment oportú la reconeixeràs, ja que d'ella, i només d'ella, neixen tots els poders. No és una cosa que es pugui aprendre només dient una paraula. Només quan ho visquis des de la part més fonda del teu ésser comprendràs de què es tracta.

L'Ulldor va batre tres cops les ales i va iniciar un vol silenciós portat per la brisa càlida d'aquella nit en aquell estrany lloc.

—Ens tornarem a veure? —va cridar el jove seguint el vol del mussol en direcció a la lluna plena.

—Potser sí, potser no... La resposta no la tinc jo! —va respondre des de lluny l'Ulldor.

Ajagut de nou sota la pomera, el Jove Cavaller va reflexionar sobre les paraules del savi mussol: «*Quan tenim por sense perill, ens inventem el perill per justificar la por*». I aquest va ser el seu darrer pensament abans de quedar-se profundament adormit.

X

L'elixir de la infal·libilitat

L'endemà al matí el Jove Cavaller es va dirigir cap a les altes muntanyes que albirava a la llunyania, seguint el camí traçat per l'unicorn.

Va caminar tot el dia i ja al capvespre va entreveure un bosc espès i fosc que abraçava tot l'horitzó. No semblava haver-hi més opció que la d'endinsar-s'hi, si volia seguir avançant.

La gespa fresca del prat va donar pas a una catifa de molsa humida i suau sobre la qual creixia una densa arbreda d'espècies gegants: sequoies, cedres i avets de mida extraordinària i tan a prop els uns dels altres que el sol gairebé no s'obria pas entre les branques.

Quan ja feia força estona que caminava entre aquells preciosos gegants va començar a tenir fred i set. «Beuré en algun dels rierols», va pensar. Però quina no fou la seva sorpresa quan va constatar, després d'una llarga cerca, que al bosc no hi havia ni font ni rierol on sadollar la seva set.

Llavors va sentir una lànguida veu femenina, una veu singular, suau com la molsa i trista com la foscor del bosc. Entonava una cançó que semblava també una crida. Va decidir anar a cercar aquella melodia; ja havia vesprejat i va pensar que aquella persona potser li oferiria beguda i allotjament.

Després d'una llarga carrera, acalorat i assedegat, va trobar una clariana i allí, asseguda d'esquena sobre una gran roca, va veure la silueta d'una dona tènuement il·luminada per la llum de la lluna. Vestia una túnica grisa, que es confonia amb el color de la pedra i fins i tot amb el dels subtils raigs que l'astre de plata vessava entre les branques dels arbres.

Fascinat per la imatge de la dama, el cavaller va decidir apropar-s'hi a poc a poc.

El trist cant de la dama va cessar.

—Vine, apropa't, sé que tens set i que busques alguna cosa important. Per això t'he cridat —va dir la Dama Grisa.

—Com sabeu que sóc aquí i que, a més a més, estic assedegat?

—Ahir vaig albirar el gran drac creuant el cel i sé que, en alguns casos, si el cavaller sobreviu a la seva presència, acaba arribant fins aquí. Només aquells que superen la prova de la por mereixen arribar fins a mi i gaudir de l'elixir que jo mateixa preparo.

Li va mostrar una bella copa d'or profusament guarnida amb pedres precioses:

—Sé que ets aquí per fer front a un repte important. Qui és capaç d'arribar aquí ho fa buscant respostes per a una qüestió crucial.

La dama es va girar i va mostrar el seu rostre al jove. El seu semblant era preciós, però la seva pell pàl·lida, la mirada perduda i el cabell caigut desconcertaven.

—Apropa't, t'ho prego —li va demanar la Dama Grisa.

—Qui sou, senyora?

—El meu nom és Skal i sóc la guardiana de l'elixir de la infal·libilitat. Qui el beu no ha de témer mai més pel seu futur.

La dama li va oferir la copa, a l'interior de la qual hi havia un estrany beuratge.

—Abans de seguir parlant, beu-lo. Sens dubte, el meu elixir calmarà la teva set i et proporcionarà beneficis inimaginables.

—A quins beneficis us referiu? —va preguntar el cavaller.

Els ulls grisos i tèrbols de la dama van delatar una inquietud sobtada.

—Si beus d'aquesta copa seràs infal·lible! Aquest elixir és la recompensa final del teu viatge. Has arribat on havies d'arribar. Enhorabona! Beu i segueix el teu camí cap a aquell turó que sobresurt entre els arbres. No trigaràs a trobar la sortida de tornada al regne d'on provens. Tindràs tot el poder! Oblida't del príncep i de l'espasa reial! No els trobaràs mai!

El Jove Cavaller va observar que les paraules de la dama no eren coherents amb els seus gestos. Tot i que la seva boca apuntava un somriure, la comissura dels llavis li tremolava i els ulls mostraven brins de maldat. Hi havia alguna cosa estranyament sospitosa en aquella dona. En aquell instant va reprendre la paraula amb vehemència, va obrir els ulls amb un gest exagerat i va aixecar la veu mentre alçava la copa.

—Beu-lo i no cometràs mai més errors ni seràs culpable de res que et succeeixi. Seràs el rei més poderós de tots els que han existit mai sobre la faç de la terra! Beu-lo, et dic!

El rostre de la dama mostrava una ombra de violència, mentida i bogeria que va fer retrocedir el Jove Cavaller. Li van venir al cap, com una revelació, les paraules del seu amic Cop: «*El fracàs i l'error són imprescindibles en el procés d'aprenentatge*». Aquest pensament li va fer veure amb summa claredat quina era la resposta que havia de donar a l'oferiment de la Dama Grisa:

—Quan tanquem la porta als errors, la tanquem també a la veritat i a la possibilitat de canvi. A més, si em sento infal·lible seré víctima d'un mal més gran: la vanitat. Prefereixo morir de set que de bogeria. No sé si el vostre beuratge sadolla l'assedegat o si, pel contrari, el sumeix en la demència.

—Bajanades! —va interrompre irada i arrogant la Dama Grisa—. No existeix valor més alt que saber-se infal·lible per governar un regne, per dirigir la vida dels altres o per dirigir la pròpia vida! Beu i no dubtis més! No tornaràs a equivocar-te. No has arribat fins aquí per menysprear el meu valuosíssim regal.

—No he de caure, si vull ser digne del veritable poder, en la vostra proposta —va respondre el cavaller—. La grandesa no neix de la infal·libilitat, perquè només un deliri genera tal miratge que, amb el temps, esdevé bogeria i solitud. La veritable grandesa neix del desig de servir a una causa major que un mateix. A més, no renuncio a l'esperança de trobar el príncep Janus i l'Albor.

L'expressió de la dama es va tenyir d'ira. De la gola li va sorgir un crit visceral mentre amb un moviment fugaç col·locava la copa davant el rostre del cavaller:

—T'he dit que te'l beguis, ximple!

Per primera vegada, l'estranya dona va ensenyar les dents, que eren negres com el carbó, i el fons dels seus ulls es va tornar vermell com el ferro roent.

El cavaller va agafar la copa i va vessar el líquid al terra. I en caure sobre la molsa la va desfer com si fos el més voraç dels àcids.

De sobte, la preciosa dona es va transformar en una bruixa vestida amb parracs bruts, amb la pell coberta de berrugues i uns ulls envermellits.

—Maleït siguis! Potser sobreviuràs, però no per gaire temps... Tant de bo et moris de set! —va grunyir Skal.

I va desaparèixer ranquejant entre les ombres de la nit i emetent una sonora i estrident riallada de bogeria.

Clarejava ja quan el Jove Cavaller es va dirigir cap al turó que apuntava per sobre dels arbres. Caut i a pas lent, va observar que l'espès bosc acabava de manera abrupta en un barranc profund i hi va veure una cosa que el va fer estremir-se. Al fons de l'abisme s'amuntegaven desenes de cadàvers de cavallers, víctimes probablement del verí de la bruixa. «Sospito que tots van beure l'elixir ofert per la Dama Grisa, creient trobar així una drecera fàcil i segura cap al poder, i van renunciar a un compromís amb el rei!», es va dir, desolat.

Profundament abatut pel dolor de la mort de tants joves, es va asseure i va recordar llavors les paraules que sovint havia sentit pronunciar al rei: «Si visqués la meva vida sentint-me infal·lible, sempre culparia un altre; no podria esmenar els meus errors i no aprendria res ni canviaria res. Veuria en l'altre l'enemic que causa els meus mals, quan jo, en essència, sóc causa de la bona o mala sort que neix dels meus actes».

I va ser just en aquell moment quan l'udol d'un mussol que semblava molt a prop li va cridar l'atenció.

XI

El poder de la responsabilitat

L'Ulldor estava posat a la branca més baixa d'un cedre vell i enorme proper al barranc on es trobava el Jove Cavaller. Des d'allí, va volar cap a ell:

—Enhorabona per la teva decisió, noi! Com veus, el beuratge de la Skal era una trampa de greus conseqüències.

—No ho entenc, Ulldor... Per què van caure en la trampa de la bruixa? Per què es van beure el verí? Com és que no se'n van adonar? —es va interrogar el cavaller, amb la veu mig tallada, els punys serrats per la ràbia i la mirada perduda mentre negava amb el cap.

—Una irresponsable i febril ambició va ser la causa de la seva perdició! —va respondre el mussol blanc.

El cavaller va dir a l'Ulldor:

—Estic desolat... Potser jo mateix, de nen, vaig conèixer algun d'aquests homes... Però et diré amb tota franquesa que, la primera vegada que m'ha ofert la copa, la temptació de beure l'elixir ha estat molt forta. La promesa era summament seductora: el poder total i la fi de qualsevol dubte i error!

—Has fet bé de no caure en la temptació! —va respondre l'Ulldor—, ja que la vida ens ensenya que *la veritable realització, el veritable èxit, no és possible llevat que tinguis la llibertat de fracassar. Només qui s'atre-*

veix a fracassar estrepitosament és capaç de fer realitat somnis que en aparença són impossibles. Desconfia de les dreceres fàcils i ràpides cap al poder real!

L'Ulldor va fer una pausa i, després de fixar els ulls en un horitzó que ja clarejava, va continuar dient:

—*A més, equivocar-se és gairebé l'única manera d'aprendre.* Als humans us aniria bé substituir la paraula *fracàs* per «aprenentatge per millorar o canviar». De la mateixa manera, *hauríeu de deixar de dir «sóc culpable» i canviar aquesta lletja expressió per «sóc responsable»*. De fet, la responsabilitat és l'actitud principal per desenvolupar el *teu* poder.

—Què vols dir? —va preguntar el cavaller.

—És molt senzill... Si alguna cosa no funciona, pregunta't en quina mesura hi has contribuït tu perquè sigui així. *Ser responsable és, en essència, ser pràctic, ja que només quan un assumeix la seva responsabilitat davant el que li succeeix a la vida pot crear les circumstàncies que generen el canvi.* Sovint, el vici d'assenyalar amb el dit els altres i culpar-los del que succeeix és com sembrar llavors al desert, ja que no aporta més que discussions estèrils que no generen accions de canvi. *El món, el teu món, només canvia quan deixes de sentir-te'n una conseqüència i decideixes ser-ne causa.*

Llavors, l'Ulldor va batre les ales i va emprendre el vol cap a l'altra banda de l'abisme. Mentre s'allunyava, va exclamar:

—Si segueixes aquest corriol que ascendeix cap a les altes muntanyes, al costat del precipici, hi trobaràs una font. Allí calma la set l'unicorn!

Va seguir volant fins que el blanc plomatge es va confondre, a la distància, amb els tebis núvols que començaven a destacar en el blau del cel.

Aleshores el Jove Cavaller, mentre contemplava la bellesa del vol de l'Ulldor, va pensar: «*Si renuncio a la meva responsabilitat, renuncio a la meva llibertat per crear i canviar les circumstàncies que m'envolten*». I aquest pensament, junt amb la ràbia que sentia en veure tants homes morts per l'efecte d'una promesa falsa, va provocar-li una força espontània. Va serrar les dents, va tibar el cos i va marxar immediatament amb un ímpetu renovat cap a la font indicada per l'Ulldor, nou objectiu d'aquell viatge per la Terra del Destí.

XII

La torre infinita

El camí pujava i el vent bufava amb força des de la profunditat de l'abisme. A mesura que s'aixecava el dia una boira densa s'instal·lava al vessant de la muntanya. Era tal la seva espessor que amb prou feines podia entreveure com era el camí més enllà d'un parell de passes.

Va sentir al lluny una remor d'aigua. Va avançar amb pressa quaranta passes fins que es va trobar davant d'una gran roca que bloquejava el camí. Un doll d'abundant aigua fresca i cristal·lina brollava d'una canella situada just al centre de la pedra. El cavaller es va agenollar i va beure l'aigua, que li va semblar la més pura i fresca que mai no havia tastat. Mentre bevia, va veure alguna cosa gravada sobre la roca de la font. Es va incorporar i va llegir un text que deia: «*Per arribar, cal començar*».

«És obvi», va pensar. Sobtadament, una veu ronca i amb un dring simpàtic el va sobresaltar:

—Beu amb calma, noi, que l'aigua fresca que brolla d'aquesta font no s'esgota mai!

El cavaller va mirar al seu voltant, però la boira li impedia veure ningú.

—Sóc aquí sota, davant dels teus peus!

Va mirar cap al terra i es va trobar amb un gnom curiós i divertit, noblement mudat. Tot i que era petit de mida, els braços, el tronc i les cames eren robustos. Portava un elegant vestit elaborat amb teles marrons, vermelles i verdes brodades amb fil d'or. Al cap, el color daurat del seu casc feia destacar la vivesa dels seus ulls negres, una densa mata de cabell i una barba pèl-roja.

—El meu nom és Dharm i sóc el vigilant d'aquesta font! —va exclamar, orgullós, el gnom.

—Us saludo, senyor —va respondre el Jove Cavaller—. El meu nom és...

—Sé molt bé qui ets: el cavaller que va alliberar l'unicorn i va desemmascarar la perversa Skal —el va interrompre en Dharm.

—Com ho sabeu? —va preguntar, intrigat, el Jove Cavaller.

—Perquè l'unicorn em va parlar de tu i de les teves intencions, i perquè només és possible arribar fins aquí, fins a la font del Propòsit, amb coratge i responsabilitat.

—La font del Propòsit?

—Això mateix! Des de fa milers d'anys se la coneix amb aquest nom. Només hi beuen, de tant en tant, humans agosarats de cor noble; tot i que algun cop he vist algun altre animal, com un mussol blanc, aturar-se a beure en aquesta font. Aquesta aigua és només per a aquells que són capaços de lliurar-se a una gran causa.

—Com ara conquerir un regne? —va indagar el Jove Cavaller.

—Sí i no... La grandesa d'una causa no es mesura per les seves dimensions. Normalment, *les causes són grans en la mesura que és gran el cor d'aquell o aquells que treballen per a elles. Poden ser empreses, projectes, canvis, reptes, iniciatives, però en totes les causes ha d'haver-hi integritat, excel·lència i voluntat de servei, ja que sense tots aquests principis no hi ha un propòsit vertader.*

El Jove Cavaller restava en silenci i escoltava atentament el noble gnom, que va seguir parlant.

—Qui viu d'acord amb un propòsit va més enllà d'ell mateix i no es pregunta què n'obtinc o en guanyo jo, d'això. Més aviat pensa en termes de «Com contribuirà això a millorar el conjunt?», o «Com puc crear circumstàncies en les quals tots hi sortim guanyant?» Per això són pocs els que arriben a beure d'aquesta font. Necessitaràs aquesta aigua per seguir endavant. El teu camí pren ara una nova direcció.

—Veig difícil seguir caminant —va respondre el jove—. L'enorme roca de la qual neix la font m'impedeix avançar.

—És que ja no has de seguir endavant! A partir d'ara et dirigiràs cap amunt. La torre infinita t'espera —va contestar en Dharm.

—La torre infinita?

—Sí, els primers graons comencen al costat de la gran roca. No la veus perquè la boira l'amaga i perquè és del color dels núvols. Fixa-t'hi bé!

Al costat dret del penyal es distingien uns bellíssims graons de marbre blanc.

—Per què l'anomenen la torre infinita? Quants graons té? —va preguntar el cavaller.

—*Tants com la impaciència del caminador* —va respondre crípticament en Dharm.

—I quant és això?

—Cadascú té la seva mesura —va apuntar de nou el gnom amb la mirada picardiosa i apuntant un somriure.

—Digueu-me, qui va construir la torre? —va preguntar amb molt d'interès el cavaller.

—Generacions i generacions de gnoms de la meva estirp, els Qubs. Centenars d'anys i molts esforços ens va costar aixecar-la. El marbre del qual és feta prové de les galeries subterrànies on construïm les nostres cases.

—Vosaltres, petits gnoms, vau aixecar una torre gegant amb blocs de marbre que estaven enterrats sota terra? Costa de creure! —va exclamar, escèptic, el cavaller.

—No et confonguis, jove humà! La grandesa no és en la talla dels vestits: és a l'ànima! —va grunyir en Dharm, clarament contrariat—. I et convé no oblidar això: *els homes només són grans si tenen la determinació de ser-ho. A més, moltes persones busquen fer coses importants, però, per desgràcia, molt poques estan disposades a fer les coses petites. I només mitjançant les petites coses s'obtenen les grans obres!*

—No era la meva intenció ofendre-us, senyor —va dir a tall de disculpa el cavaller—. I per què els Qubs vau decidir construir una escala tan alta, si viviu sota terra?

Llavors en Dharm va posar-se els polzes rere els tirants, va inflar el pit i va aixecar la barbeta amb un gest d'orgull, mentre deia:

—Perquè volíem demostrar-nos que podíem arribar tan amunt com volguéssim!

—I quants gnoms van fer falta per aixecar-la?

—Molts! Moltíssims! *Ningú, per fort i perseverant que fos, no ho hauria aconseguit per si mateix. Mira, noi, un somni individual acostuma a quedar-se en fantasia, però si ets capaç de contagiar aquest anhel als altres disposaràs de l'energia i l'entusiasme que el faran realitat.* Aquesta gegant i bellíssima torre és el resultat de la visió compartida i la passió de milers d'ànimes per encarnar un somni! Com, si no, nosaltres, els «nans», com alguns ens anomenen, hauríem pogut aixecar aquesta magna torre?

—Com us vau atrevir amb un repte tan difícil?

El gnom va sospirar profundament mentre observava aquella obra amagada rere la boira, des de la base fins a l'infinit; després, va somriure, va mirar el cavaller i va dir:

—*No ens atrevim a fer moltes coses perquè siguin difícils; més aviat són difícils perquè no ens atrevim a fer-les.*

A mesura que el sol s'aixecava, al cel la boira es dissipava. Una torre preciosa de color blanc nacrat, amb una escalinata en espiral, s'alçava en tota la seva espectacular dimensió fins a perdre's entre els núvols. En contemplar-la, el Jove Cavaller no va poder evitar exclamar:

—Déu meu! És bellíssima!

En Dharm, satisfet en sentir l'exclamació, va prendre la paraula.

—Com tot bon propòsit que finalment deixa de ser un somni per convertir-se en realitat!

El gnom va mirar de cua d'ull a esquerra i dreta i després va clavar la mirada ferma d'ulls negres en la del cavaller, s'hi va apropar i li va xiuxiuejar:

—Sé que també tens, com tants altres van tenir abans, l'esperança de trobar el príncep segrestat i la màgica espasa robada...

—En sabeu alguna cosa, d'en Janus? Segueix viu? —va preguntar, excitat per les paraules del gnom, el cavaller.

—En realitat, ningú no ho sap... —va respondre amb veu trista en Dharm—. Però, de totes maneres, no perdis l'esperança. És important que arribis fins al final, i si ho aconsegueixes, obtindràs un tresor d'un valor incalculable...

Va posar la diminuta mà dins d'una bosseta daurada que li penjava del costat esquerre i va afegir:

—Deus estar famolenc. Aquí tens aquest tros de pa que fem nosaltres. Et donarà l'aliment necessari per culminar l'ascens.

El Jove Cavaller es va menjar amb una sola mossegada aquell pa exquisit. El va assaborir i gaudir com si es tractés d'una gran menja i es va sentir completament sadollat a l'instant. Va fer un glop de la font i es va acomiadar d'en Dharm amb la mà dreta recolzada sobre el cor i amb una inclinació del cap.

Va iniciar el camí per l'escala blanca, que mostrava una vista extraordinària del paisatge a mesura que anava pujant.

Quan en la pujada va haver realitzat una volta completa a la torre, va veure a baix, a diversos metres de distància, el gnom, que l'observava amb un somriure franc dibuixat en el rostre:

—Per cert, senyor Dharm, on neix el doll d'aigua que proveeix la font del Propòsit?

—Has de seguir caminant per obtenir més respostes! No vulguis saber per terceres persones allò que només tu mateix pots trobar i respondre. Segueix caminant! Com veus, l'aigua de la font té un efecte immediat —va afirmar el noble gnom.

—Quin efecte? —va cridar el cavaller.

—Per arribar-hi, cal començar! —va respondre en Dharm mentre proferia una riallada franca, i a continuació es va esmunyir per una obertura entre les roques, prop de la font del Propòsit.

El Jove Cavaller va continuar l'ascens recolzant-se amb la mà esquerra sobre el marbre de la gran columna. Mentre admirava la bellesa de la torre infinita va pensar en l'energia que els gnoms haurien fet servir per construir-la, en la seva perseverança, en la coordinació, la visió compartida, la confiança, l'amor propi...

Es va aturar un instant a contemplar la fantàstica vista de l'horitzó des de la seva posició elevada. A ponent s'entreveien prats verds llunyans i immensos esquitxats d'arbres i solcats per centenars de rierols. Més a prop, el bosc dens semblava una compacta catifa multicolor amb milers de matisos que anaven del blau marí al verd més intens. A llevant s'albiraven serralades que ascendien fins a altíssims cims coberts de neu. L'aire era fresc, suaument perfumat i pur, i el cel era del blau més límpid que havia vist mai.

Va tornar a mirar la llarguíssima escalinata que l'esperava i va pensar en la força dels Qubs. «*Les dificultats no són pedres al camí, més aviat són un graó que et permet anar més enllà si t'ho proposes*», es va dir. Aquest pensament el va animar a pujar i pujar sense aturar-se ni un instant. El vertigen i la sensació de balanceig de la torre infinita anaven en augment. Era summament inquietant no saber quan ni com arribaria al final d'aquella columna nacrada que, com si fos una agulla, semblava voler travessar l'infinit.

Va passar el matí, va arribar la tarda i s'apropava ja la nit. El cavaller es va adonar que la manca de descans i també la impaciència augmentaven a cada pas. Amb l'ocàs, la visió del paisatge es va perdre i l'espessa boira va passar a ser la seva única companya en l'ascens. L'avorriment i la mandra van aflorar. Tenia la sensació que aquell ritual de passa a passa, graó a graó, sempre igual i sense canvi, estava mancat de tota lògica i sentit.

«Què estic fent aquí, amb el fred que fa i la son i el cansament que tinc, pujant per una escala que no sé on diantre acaba?», es preguntava malhumorat.

I va succeir una cosa sorprenent: els graons van començar a fer-se cada vegada més alts, o això va creure. Com més grans eren la impaciència i el mal humor, més difícil era encaixar un peu rere l'altre. Al cap d'una estona, l'altura entre graons era tal que per avançar havia de saltar, agafar-se al graó següent i superar-lo a pols.

«Estan bojos aquests gnoms, i jo també! Això no té cap sentit!», pensava una vegada i una altra.

Esgotat, somnolent i desanimat, va decidir asseure's en un dels altíssims graons. La tènue llum de la lluna s'esmunyia entre la boira.

Una clariana al cel li va mostrar un preciós firmament estrellat. Un buit diminut d'univers on set estrelles brillaven rutilants. Va recordar, llavors, els seus tres companys, l'Ànima i en Sid. Va pensar també en el seu padrastre, el ferrer del regne, i en la seva madrastra, de qui tant d'amor havia rebut. Un somriure es va dibuixar en el seu rostre i aquest record va fer que, de sobte, aquella escalada sense fi tingués sentit. Era allí gràcies a aquells a qui més estimava, i per ells! Va recordar el seu bell regne i també la negra amenaça que suposava per a tots el pervers Nul. Però, per sobre de tot, va recordar que tenia un compromís, un repte per complir: tornar amb el príncep i l'espasa màgica o acceptar la proposta del rei. «*El descoratjament, la resignació i la impaciència no són bones companyes ni ajuden quan la vida es fa costeruda*», va concloure.

En aquell precís moment el graó sobre el qual estava assegut va començar a reduir-se com per art de màgia i va recuperar les dimensions originals.

—L'escala sembla tenir vida! —va exclamar.

D'un bot, es va aixecar i va mirar cap a baix. Un abisme infinit s'estenia sota els seus peus. Després, va mirar cap amunt. De nou, va constatar que l'escala semblava no tenir fi. Recordant que en ManIlum i l'Ulldor li havien dit que el viatge per la Terra del Destí no admetia marxa enrere, va decidir continuar.

El compromís de servir el seu rei i el desig profund de tornar a casa amb en Janus i l'Albor i protegir el regne li van tornar les forces. Va pujar corrent l'escala, saltant els graons de dos en dos, després de tres en tres, cada cop més i més ràpid. Volia i havia d'arribar al final de l'escala. La impaciència, l'avorriment i el cansament es van transformar en entusiasme i, una estona després, en alegria. El repte i la dificultat es van convertir en joc i ja no sentia el fred. La boira escampava i un cel infinit replet de brillants estrelles grogues, blanques, ataronjades i celestes es va estendre d'est a oest i de nord a sud.

Portat per una força extraordinària, la visió en el seu interior d'un final proper va semblar que eliminava en un instant tot el cansament acumulat. La pujada per aquella espiral infinita per fi va adquirir sentit.

Mentre corria escales amunt, veloç com ho faria en Kam, va pensar que cada graó era un objectiu en ell mateix i que no hi havia objectius petits. Cada graó es convertia en un pas important sense el qual era impossible culminar l'ascens, ja que cadascun donava sentit no solament a l'escala infinita, sinó també al seu viatge i fins i tot a la seva vida.

I així va ser com, en aquella preciosa nit estrellada, va sentir que la blanca escalinata desapareixia sota els seus peus, com si el temps s'esvaís en un present etern. El Jove Cavaller era tot goig sense objecte, amb una alegria sense límit; no era res i ho era tot alhora, graó, escala, horitzó, estrella, cel, aire..., llum.

XIII

El poder del propòsit

—Bon dia —va murmurar una veu—. Espero que la dormida hagi estat reparadora.

El Jove Cavaller va obrir els ulls i es va adonar que estava ajagut sobre un terra blanc com els graons de la torre infinita. Va mirar cap a dalt i va veure l'interior d'una preciosa cúpula de marbre que coronava una sala circular i a les parets de la qual hi havia dotze finestres i una porta. Per les finestres desproveïdes de vidres entrava una agradable brisa.

—Saps quants graons has hagut de pujar per arribar fins aquí? —va afegir la mateixa veu.

—Quants? —va voler saber el jove.

—Mil i mil i mil i mil més i mil, i mil i uns altres mil... —va afirmar la veu.

En aquell moment, el cavaller va reconèixer qui li parlava: era l'Ulldor, posat a l'ampit d'una de les finestres.

—Estimat amic! —va exclamar mentre s'incorporava i s'estirava —. No recordo com he arribat fins aquí!

—És el que passa quan un està absort en el seu propòsit: flueix i s'oblida d'ell mateix i del temps! Et felicito: vas culminar l'ascensió, vas vèncer la impaciència, el desànim i l'avorriment. I el que és més important, vas trobar un sentit, un *perquè*, a allò que estaves fent i et vas lliurar del tot a la tasca. Molts van ser els cavallers que, emportats per la bogeria, van saltar des dalt estant de la torre en no trobar un sentit al que feien —va explicar el mussol blanc.

—Però, per què? —va preguntar, bocabadat, el jove.

—Perquè, *per desgràcia, els que renuncien són més nombrosos que els que es lliuren fins al final* —va sentenciar l'Ulldor.

Ja dempeus, el Jove Cavaller va contemplar per una de les finestres una bella vista de l'horitzó.

L'Ulldor va seguir parlant:

—Vas superar aquesta difícil prova perquè et vas lliurar a la teva tasca i et vas oblidar de tu mateix. Et vas centrar únicament en el compromís que vas adquirir amb el rei i, en conseqüència, amb la resta d'habitants del regne.

Després d'uns instants de silenci, va mirar cap a les muntanyes de l'est i va continuar:

—Mira, fill, tots els propòsits que realment valen la pena tenen un preu que no tothom està disposat a pagar. De la mateixa manera que és necessari sembrar i treballar la terra per recollir fruits, és necessari invertir per obtenir, donar per guanyar... *La veritable força neix de l'esforç, que en essència no és més que la voluntat i el lliurament. Si no t'hi lliures, és difícil que culminis qualsevol propòsit perquè és difícil que la mandra, l'avorriment, la resignació, la impaciència o la vel·leïtat guanyin la partida.*

—Coincideixo amb tu, Ulldor, i pel que he viscut fins ara crec que també hi ha una cosa molt important...

—Què és això tan important que no he dit encara? —va interrompre, intrigat, l'Ulldor.

—La fe, la confiança i l'esperança! —va postil·lar el cavaller.

El mussol va apuntar amb els ulls un somriure serè de complicitat mentre respirava fondo i tancava i obria a poc a poc les parpelles.

—En efecte —va murmurar—. Sense elles, poques coses tindrien sentit i moltes vegades no valdria la pena aixecar-se per seguir caminant. Saps quina és la característica comuna que identifica sense cap mena de dubte aquells que viuen els reptes que els presenta la vida com una gran oportunitat?

El cavaller va meditar la resposta. Aleshores el bell mussol va desplegar les ales i, confiat, va saltar d'esquena al buit. Un corrent d'aire càlid el va sostenir a l'aire mostrant-lo lluminós i feliç. Al cap d'una bona estona d'esperar una resposta que no arribava, l'Ulldor va exclamar, exultant:

—L'alegria!

Alegria..., alegria..., va sonar el llunyà eco de les muntanyes. L'Ulldor va realitzar un moviment imperceptible amb les ales, un gest insignificant amb el qual es va elevar i es va allunyar de nou en direcció cap al càlid sol del matí.

XIV

El tron d'or

Descansat i disposat a seguir el camí, el Jove Cavaller es va dirigir cap a l'única sortida que oferia aquella sala: una noble porta de fusta de roure. Quan va posar la mà al pom va recordar que en Dharm li havia parlat d'un gran tresor que l'esperava al cim, però aparentment no hi havia res de valor en aquella sala buida. Després de preguntar-se a què devia referir-se el noble gnom, va decidir no donar-hi més importància i va obrir la porta.

Va descobrir amb sorpresa una nova sala circular i d'enorme bellesa, encara que amb un estil arquitectònic clarament diferent del de l'escala. No semblava construïda pels gnoms, ja que no tenia la llum ni la claror del marbre blanc. Sis torxes en peveters d'or il·luminaven les riques parets de jaspi, pòrfir, nacre i àgata. Però el que cridava més l'atenció eren els set trons també d'or, sis dels quals eren ocupats per estàtues de reis forjades amb aquest metall preciós. Les faccions d'aquells homes, els ulls, la pell, els cabells, eren tan reals que només el millor orfebre podia ser artífex d'aquella obra mestra.

Els trons i les estàtues tenien encastats diamants, robins, maragdes, topazis i safirs que guarnien les seves corones i espases. No obstant això, hi havia un tron sense estàtua, un seient buit, a l'altre extrem de la sala. Una veu de so metàl·lic li va parlar:

—Benvingut, majestat. Per fi heu arribat fins al tron que mereixeu!

—Qui em parla? —va respondre, inquiet.

—Sóc jo, el vostre tron, el que us espera des de fa molt de temps. Aquell que només un heroi com vós mereixeu, ja que només qui aconsegueix superar les proves és digne de gaudir-me.

El cavaller va travessar la sala a poc a poc i va observar que el respatller del tron tenia l'aparença d'un rostre de gest altiu. Quan hi era a prop, el Jove Cavaller li va preguntar:

—He arribat fins aquí només per asseure'm sobre teu i recrear-me en la teva riquesa?

—És clar que sí! Em mereixeu per complaure-us dels vostres èxits, de la vostra grandesa, de ser algú realment superior! —va exclamar el tron, visiblement molest per la pregunta.

Va seguir parlant:

—Jo encarno el poder i la riquesa que mereixeu. Podeu tocar-me i contemplar-me tant com desitgeu. Sóc només vostre.

—I què me'n dius d'aquestes estàtues? Qui són? Quin és el seu regne? —va demanar el cavaller.

—Són grans reis les escultures dels quals romandran aquí pels segles dels segles. Contemplen el món des de les altures sense que res ni ningú els pugui molestar.

Al cavaller li va sobtar el to distant i arrogant del tron d'or, però, mogut per la curiositat i el desig de veure més de prop aquella obra d'orfebreria, es va apropar al seient daurat i el va tocar. Una intensa sensació de somnolència el va envair. Un fort magnetisme semblava voler atraure'l i retenir-lo. Va pensar que potser aquest era el tresor de valor incalculable que el gnom li va assegurar que trobaria. No obstant això, hi havia alguna cosa que no encaixava. Per què tot l'esforç realitzat fins aquell moment? Només per asseure's en una poltrona fastuosa, complaure's i recrear-se en l'arrogància, sense més? «No té cap sentit», va pensar.

Tot i així, sense adonar-se'n, va començar a reclinar-se sobre el seient arrossegat per una gravetat de la qual era difícil desprendre-se'n. Mentre anava apropant el seu cos al respatller de la fastuosa poltrona, va clavar la mirada en les sis escultures que l'envoltaven. Un intens calfred va li recórrer el cos: va reconèixer els rostres d'aquells suposats reis! Eren sis homes valents del regne que, feia molts anys, quan ell no era més que un nen, havien marxat a la recerca del príncep i l'espasa. Cap d'aquells nobles no va tornar mai. El Jove Cavaller tenia en aquella època set anys i, com a aprenent al costat del seu pare, el ferrer, els havia ferrat els cavalls i forjat les espases.

Tot encaixava.

«Aquestes estàtues són, sens dubte, aquells cavallers convertits per un encanteri en eternes estàtues d'or, presos de la vanitat i víctimes d'un engany ordit pel vil Nul», va pensar.

Resolt, es va allunyar de la luxosa trampa que se li brindava.

—On aneu? Torneu aquí! Us pertanyo! —el va increpar el tron d'or.

—Renuncio a tu! —va replicar el jove.

—Neci! Esteu renunciant al vostre poder!

—T'equivoques! El meu poder no es troba en un miratge d'or —va rebatre el cavaller, que, ja al centre de la sala, va agafar amb la mà dreta el penjoll de l'Ànima i va afegir—: No hi ha res més valuós per a mi que el que porto dins del cor: el compromís adquirit amb la gent del meu regne.

En aquell instant la pomposa sala va començar a tremolar, les pedres precioses de parets, sostre i estàtues es van ensorrar, així com l'or que mantenia atrapats els cossos dels sis cavallers. Les torxes es van apagar i la foscor i la pols van omplir aquell espai. El cavaller va sortir corrent a través d'una esquerda que es va obrir en un dels murs just abans que el sostre s'esfondrés i la llum exterior deixés veure la realitat oculta rere l'encanteri: els cossos sense vida de sis homes jeien sobre el terra fred d'un pla situat a dalt de la muntanya. En els seus rostres, una profunda expressió de dolor i tristesa. No hi havia ara trons, ni joies, ni or; només buidor, arrogància derrotada, fàtua vanitat desfeta en miratges esvaïts.

Envoltat d'un circ de muntanyes d'alts cims nevats, va decidir donar sepultura a cadascun d'aquells sis homes. Es va agenollar i va elevar una oració pel descans etern d'aquelles sis ànimes.

Mirant les restes de la sala devastada, va pensar en el seu rei i va reflexionar: «Les persones realment poderoses tenen una gran humilitat. No miren d'impressionar; els seus principis no són objecte d'exhibició gratuïta i permanent, la seva presència és inspiradora i eleva l'esperit. Conviden, indiquen i ofereixen, però no manipulen ni fan servir la coacció, l'amenaça o l'agressivitat per aconseguir els seus fins. Saben definir una direcció i un sentit. Són íntegres i coherents. Prediquen amb l'exemple. Coneixen i reconeixen l'altre. I, per damunt de tot, escolten».

El sol lluïa dalt del firmament. Era el tercer dia des de l'inici d'aquell estrany viatge.

XV

El poder de la humilitat

Desfet el conjur del tron d'or, el Jove Cavaller va mirar al seu voltant i va observar que una sendera pujava cap a un cim encara més alt. Sense dubtar-ho ni un instant, va començar a caminar per aquell camí pedregós als marges del qual creixia de tant en tant algun avet menut però valent.

Després d'unes quantes hores de camí, va trobar un rierol i, mentre en bevia i es netejava, una veu amiga el va sorprendre:

—Una nova trampa superada!

El cavaller es va girar i va confirmar que qui li parlava no era altre que... en Manllum!

—Què hi fas aquí? —va preguntar estupefacte—. Com hi has arribat?

—És qüestió d'haver viatjat més d'un cop a la Terra del Destí, només així en coneixes les dreceres. Però això ara és el menys important. He vingut a veure't. Tens al davant la part final d'aquest viatge: la més difícil. Volia desitjar-te bona sort, ja saps a què em refereixo...

—Prou que ho sé. Manllum, hi ha una cosa que necessito preguntar-te tot i que em temo que no em podràs respondre. Saps on és el príncep Janus? Intueixo que no és lluny d'aquí.

—És veritat, no t'ho puc dir —va contestar en Manllum—. Tot el que puc dir-te és que segueixis el teu camí.

I comença a plantejar-te si estàs disposat a assumir el tron.

Les paraules del mag blanc no el van desanimar.

—Tinc una altra pregunta per fer-te. Digues-me, quin era el gran tresor al qual feia referència en Dharm?

En Manllum va somriure i va respondre:

—El noble gnom es referia a un dels tresors més grans que amaga l'ànima humana: la humilitat.

—La humilitat, un tresor?

—Sens dubte. Humilitat prové d'*humilis* i aquest, d'*humus*, allò que dóna aliment i vida a la terra i la converteix en fèrtil, útil i pròspera. L'humus es allò que la mateixa vida dóna de si, generosament i periòdicament, en un cicle de creixement i renovació que permet que la natura es desenvolupi sense fi. *Ser humil és saber renunciar a allò que és accessori per concentrar-se en el que realment genera prosperitat. En definitiva, ser humil és ser generós.*

El mag blanc va mirar llavors el sender rocós i, mentre s'acariciava la llarga barba blanca, va afegir:

—Fixa't en el teu rei. És humil perquè és conscient que no posseeix tots els talents ni totes les idees, i sap reconèixer i cultivar els talents dels homes i les dones del seu regne. Per aquest motiu, entre d'altres, és tan estimat i respectat per tots. I ara, no t'entretinguis, aviat es farà fosc.

—Així ho faré.

I mentre mirava els cims que l'esperaven, en Manllum va desaparèixer.

Pel camí, rumb a les altes muntanyes, va pensar: «*Massa sovint les persones se senten còmodes amb la vanitat. Què passaria si ens en deslliuréssim? En primer lloc, deixaríem enrere les falses idees de grandesa que porten, en molts casos, a la pròpia destrucció. En segon lloc, aprofitaríem l'energia disponible per lliurar-nos a allò que realment importa: cultivar l'excel·lència i ajudar qui ens envolta a percebre les seves qualitats, les seves virtuts i a brillar».*

XVI

L'abisme impossible

Ja en plena nit, amb una esvelta lluna que es perfilava entre els cims nevats, el Jove Cavaller va emprendre la llarga i dura ascensió pel sender i es va endinsar en un estret congost entre dues muntanyes gegants i ermes. «He d'accelerar el pas si no vull morir per aquest fred tan cru», es va dir, i va decidir afanyar-se.

Va ser una prova dura, hores de caminar gairebé a cegues en una interminable ascensió. La llum de l'alba despuntava tímidament per l'horitzó quan va percebre el que semblava el final del congost: el corriol acabava abruptament en un profund abisme.

Va treure el cap pel precipici i la llum de l'incipient dia li va mostrar una cosa insòlita: davant d'ell, a una distància equivalent al vol d'una fletxa, el camí continuava. Semblava que el camí hagués quedat interromput per un gran esfondrament a les altes muntanyes.

Va mirar al seu voltant i no hi va veure cap pont, cap corda ni cap altre element que pogués facilitar-li el pas cap a l'altre costat. «Sembla que l'única opció és saltar, però és evident que cap humà no pot superar una distància com aquesta. És impossible», va pensar.

Des de l'altra banda de l'abisme, una veu dolça i envoltant el va saludar:

—Benvingut, valent humà, a l'abisme impossible!

Sorprès, mentre el ressò d'aquelles paraules reverberava a les muntanyes, va mirar cap al davant i va veure que a l'altre extrem del buit hi havia una enorme roca, les arestes de la qual dibuixaven el rostre d'una dona anciana i bella.

—A qui tinc l'honor de saludar? —va cridar el Jove Cavaller.

—Sóc l'Uhr, la gran roca de l'abisme. Feia molt de temps que un humà no arribava fins a aquest indret! És molt reconfortant veure-n'hi algun.

Arribat a aquell punt del viatge ja no el va sorprendre que la roca parlés, així que va decidir preguntar-li si coneixia alguna altra manera d'arribar fins a ella.

—Digueu-me, senyora, com puc seguir per la sendera si no trobo cap pont, corda ni instrument que em serveixi per arribar fins a vós.

Quan el ressò va deixar de repetir les seves paraules, l'Uhr va parlar:

—Disposeu ja de tot el que necessiteu!

—Però si només em tinc a mi mateix!

—I us sembla poc? A hores d'ara hauríeu d'haver après la lliçó!

—A quina lliçó us referiu?

—A la que us van donar els gnoms, els Qubs, amb la seva escala infinita. Com creieu que van arribar a construir una cosa semblant?

—Amb perseverança, humilitat i paciència! —va afirmar decidit el cavaller.

—I també amb una cosa igual d'important, o fins i tot una mica més: *amb la passió que converteix el que en aparença és impossible en realitats tan fermes com les muntanyes que us envolten* —va postil·lar l'Uhr, i va afegir—: la passió permet superar l'abisme impossible! Hi defalleix qui no hi anteposa el cor. Si llanceu primer el cor cap al vostre objectiu, trobareu necessàriament la manera de superar l'abisme! No hi ha cap altra manera d'aconseguir-ho: *heu de llançar primer el cor!*

—Llançar el cor? El que em demaneu suposaria la meva mort! —va dir, angoixat, el cavaller.

L'Uhr va somriure:

—No em refereixo al cor que batega en el vostre pit! En el passat, tots els cavallers que arribaven fins aquí portaven amb ells alguna cosa que simbolitzava la força del seu cor: el propòsit, el motiu i el sentit del viatge, allò que era la font del seu *veritable poder*. Penseu què és el que porteu que us hagi donat força en els moments més difícils!

Aquelles paraules tenien molt de sentit. Va pensar que el regal de l'Ànima, la llavor que li penjava del coll, era el símbol del seu cor. La llavor de l'Ànima no solament significava el record de qui més estimava, sinó també el seu compromís amb el regne i, per damunt de tot, l'esperança dipositada en un futur millor. «Mira aquesta llavor com el bosc d'infinites possibilitats que podria arribar a ser», li havia dit l'Ànima. I així veia ell aquell petit, gairebé diminut tresor que l'havia acompanyat durant tot el viatge. Confiant en les paraules de l'Uhr, va agafar el penjoll, el va acariciar, li va fer un petó i va dir a la gran roca:

—Confio en vós. Llançaré el meu cor!

—Endavant! —el va animar Uhr.

El cavaller va retrocedir unes passes per guanyar velocitat i potència en el llançament. Necessitaria tota la força del cos i la seva bona punteria perquè aquell cofret daurat travessés l'espai amb l'energia d'una fletxa llançada pel que hauria de ser l'arc més flexible i potent de tots: el seu propi braç.

Va respirar profundament i, sense perdre de vista en cap moment el seu objectiu, va córrer com ho hagués fet el seu preciós i fidel cavall fins a la vora del barranc. I allí, a poques passes del precipici, va estendre al límit el braç dret i la resta del cos i va llançar amb totes les seves forces el penjoll amb la llavor de l'Ànima.

En el vol, el penjoll va rebre el primer raig del sol naixent, com si aquest volgués beneir el gest del cavaller. Traçant un arc perfecte, va caure just on el camí seguia, centenars de metres més enllà, sobre de l'Uhr.

El cavaller, amarat de suor malgrat la freda albada, va veure satisfet com la llavor de l'Ànima jeia a la fina sorra de l'altre costat de l'abisme.

—Ara sou vós qui heu de volar fins aquí per recuperar el vostre cor i realitzar les vostres promeses i objectius —el va animar dolçament la gran roca.

—Si amb prou feines he aconseguit fer-hi arribar un petit penjoll amb una llavor, com podré passar-hi jo? No sóc l'Ulldor, no sé volar. Fracassaré —es va queixar.

A la qual cosa l'Uhr va respondre amb la seva veu suau:

—Ara no teniu cap altra opció: heu llançat el vostre cor, això és el més difícil. Tingueu confiança i arribareu fins aquí, us en dono la meva paraula. *Fracassareu si seguiu on sou! Sense arriscar-vos no avançareu mai de la vida!*

La dolça veu de l'Uhr va evocar dins del cor del jove el record de la reina, que el va estimar com si fos el seu propi fill. Va recordar la seva primera trobada, quan ell gairebé no tenia una desena d'anys i forjava sense cap ajuda la que seria la seva primera espasa. Uns cavallers vanitosos el van veure colpejar el ferro roent i se'n van riure: «Segur que no tens força per forjar una ferradura! Com t'atreveixes amb una espasa?» La reina va contemplar l'escena des del seu carruatge. L'endemà, quan l'espasa havia estat forjada com ho hagués fet el mateix mestre ferrer, i davant la sorpresa de tot el poble i la cort, la reina es va apropar a la ferreria, va cridar els cavallers que el dia abans s'havien burlat d'ell i els va dir: «*Els que diuen que alguna cosa és impossible no haurien d'interrompre ni molestar els que treballen per fer-la possible.* Disculpeu-vos per les vostres ofenses!» Hi van accedir, avergonyits. Dirigint-se cap al jove ferrer, la reina li va dir davant de tot el poble: «Et felicito, fill, aquesta espasa és, igual que l'Albor, la més bella que s'hagi forjat mai en aquesta terra».

Aquell record va esvair tots els dubtes davant del repte impossible.

—No puc quedar-me aquí eternament, ni baixar per aquest barranc infinit, ni retrocedir... Només em queda confiar en el meu valor i que algun miracle succeeixi! —va murmurar per a si mateix el cavaller mentre retrocedia de nou.

En arribar al punt de partida, va respirar profundament, va estrènyer els punys ben fort i va córrer i córrer amb totes les seves forces.

Setanta passes el separaven del lloc on havia de fer el salt...

Seixanta passes...

Cinquanta passes...

Quaranta passes...

Trenta passes...

Vint passes...

Deu passes...

La llavor de l'Ànima brillava, banyada pel sol de l'alba.

Tres, dues, una... El cavaller va recolzar la punta del peu dret al límit del barranc i va saltar.

Mentre volava sentia l'aire fresc de l'albada a la pell, l'escalfor del sol naixent al rostre i la lleugeresa del seu pes sobre el buit.

Però encara molt lluny del seu destí, va sentir com la inèrcia del salt s'extingia i com el seu cos, atret per la gravetat, començava a perdre altura i a precipitar-se en el buit. Va veure com s'allunyava més i més de la llavor de la seva estimada, del seu camí, de la seva promesa al rei, d'en Janus i l'Albor, i del seu regne.

XVII

El poder de la confiança

Queia a una velocitat vertiginosa.

El Jove Cavaller es va sumir en una tristesa profunda davant el convenciment que el final de tot era molt a prop. Amb la seva mort en Nul guanyava totes les partides: no hi hauria opció de rescatar el príncep Janus ni l'Albor, l'espasa màgica. No podria acomiadar-se de l'Ànima, d'en Sid ni dels seus amics. No hi hauria resposta per al rei. «He caigut en una trampa. Potser hi havia alguna altra opció que no he sabut veure», va pensar al mateix temps que l'angoixa, la ràbia, el dolor, el sense sentit i una intensa sensació de pèrdua es barrejaven dins del seu cor.

Els records se li acumulaven a la ment, i entre aquests una frase escoltada en boca d'en Manllum quan ell era encara un nen va destacar amb força: «*La confiança sempre et donarà ales*».

«Confiar és l'única cosa que puc fer. Confiar que succeeixi alguna cosa inesperada, perquè estic vivint una prova que té com a propòsit precisament això: aprendre a confiar fins i tot en la més difícil de totes les situacions, a superar un abisme impossible després d'haver lliurat el meu cor».

Va ser aleshores quan el cavaller va sentir que una força descomunal aturava la seva caiguda i l'empenyia cap amunt. Es va adonar que una gegantina àguila blanca el portava entre les urpes.

En un instant, la gran àguila el va portar fins a l'altra banda del precipici on l'esperava la llavor de l'Ànima.

Ja a terra, i agenollat en senyal de gratitud, el Jove Cavaller es va dirigir cap a la gran àguila:

—Qui sou, poderosa dama? M'heu salvat la vida... No sé com agrair-vos-ho.

Amb les ales esteses, planejant davant del cavaller, l'àguila va respondre:

—No cal que m'agraeixis res. Són molt pocs els humans capaços de llançar el seu cor més enllà del que coneixen... El meu nom és Atma, conec la teva causa i la teva missió, l'unicorn me'n va parlar. És una causa necessària que mereix unes ales.

El cavaller contemplava bocabadat la bellesa de l'Atma, que va continuar dient:

—Has saltat en un acte de confiança, coratge i lliurament. Jo, l'Atma, espero rere l'espessa boira al fons de l'abisme per donar ales als humans que confien i s'arrisquen per una causa que té cor. *Ara ja ho saps: disposes de les ales que neixen de la teva força interior, la qual s'alimenta dels anhels que té la teva ànima.*

Es va inclinar i es va precipitar volant cap als llunyans núvols blancs que s'albiraven al fons de tot del precipici.

Encara commogut per l'experiència viscuda, el cavaller va recollir el cofret d'or amb la llavor de la seva estimada i se'l va tornar a penjar del coll.

L'Uhr, la gran roca, va prendre la paraula:

—Us felicito de nou. Feia moltíssims anys que no sentia l'escalfor d'un ésser humà sobre meu, *l'escalfor que neix de la passió...* Crec que no sou lluny d'aconseguir el vostre propòsit en aquest viatge.

—Sabeu, Uhr? Mentre queia al buit, he arribat a pensar que m'havíeu parat una trampa, com va fer la Dama Grisa o el tron d'or —va admetre el cavaller—. Tot i que la veritat és que no he sabut veure en vós cap ombra de maldat ni cap intent de traïció.

—I és així. Com veieu, no us he enganyat. La meva missió consisteix a convidar el viatger a aprendre l'immens poder de la confiança. En cada acte de confiança ens arrisquem a no veure'ns correspostos o fins i tot a sentir-nos traïts. Però hi ha una cosa encara pitjor que no veure correspostа la nostra confiança.

—A què us referiu? —va preguntar, pensarós, el Jove Cavaller.

—No arriscar-se! *Perquè si no us arrisqueu per aconseguir alguna cosa nova o diferent, difícilment aconseguireu mai res de nou o diferent.*

La gran roca va mantenir un llarg silenci i després va dir:

—Tenir esperances és arriscar-se a perdre-les; estimar és arriscar-se a no ser correspost; invertir és arriscar-se a perdre; comprometre's és arriscar-se a no aconseguir-ho... En definitiva, viure és arriscar-se a morir. Si no arrisquem res, és probable que evitem patiments i preocupacions, però no aprendrem, no sentirem, no canviarem, no estimarem, no creixerem, no prosperarem ni viurem. *Sense arriscar-nos, ens encadenem a la nostra pròpia por al fracàs!* És així com ens convertim en esclaus de la nostra falsa seguretat i perdem la llibertat vertadera.

—Teniu raó —va assentir el cavaller—. *La vida és un camí basat en la confiança. Sense ella, no podríem seguir caminant*. Gràcies, gran senyora, per les vostres paraules i pels ànims que m'heu donat. Sempre us portaré a la memòria del meu cor.

El Jove Cavaller es va agenollar i va recolzar suaument les mans sobre l'Uhr amb un gest que pretenia ser una carícia.

La gran roca va sospirar dolçament:

—Gràcies a vós, per demostrar-me que encara hi ha humans amb nobles ideals, gratitud i esperança.

El Jove Cavaller es va incorporar i, sense donar l'esquena a la gran roca en senyal de respecte i gratitud, va seguir el camí pel congost sota la llum del sol del matí.

Va caminar molta estona i, mentre caminava, pensava: «*Confiança i bondat van de la mà, ja que en confiar renunciem momentàniament a tot control, ens abandonem i ens exposem a l'imprevist, a la incertesa. Sabem que no ho podem controlar tot i necessitem de l'altre. Però confiar i assumir riscos és l'única manera de descobrir els límits del que és possible i realitzar el que és aparentment impossible*».

Ja a l'hora del crepuscle, es va trobar davant de l'entrada d'una cova fosca en una muntanya. Va decidir refugiar-s'hi durant la nit. Després de caminar a les palpentes pel seu interior, es va arrupir.

Mentre agafava el son, va sentir que estava gaudint amb tot el seu ésser d'aquell viatge i que, fos quin fos el resultat final, havia valgut la pena.

El cor li bategava amb força, segur i confiant en un desenllaç positiu. Va imaginar amb gran nitidesa la trobada amb en Janus, el príncep. Va visualitzar que aquest era el digne hereu del regne, dipositari dels valors del seu estimat rei i que, a més, tenia a la mà l'Albor. Va sentir, fins i tot, l'alegria del rei en retrobar-se amb el seu fill després de tants anys de separació i dolor. Va imaginar també la derrota definitiva de l'infame Nul.

Va veure, en definitiva, que la llum del poder que neix de l'amor tornava al regne i vencia l'amenaça del poder que neix de la por.

No sabia per quin motiu, però, malgrat la gana, el fred i l'esgotament, se sentia profundament feliç. Alguna cosa en la part més profunda del seu ésser li donava l'escalfor i la força necessàries per suportar el fred i dormir plàcidament durant la que seria ja la sisena nit a la Terra del Destí.

XVIII

Al cim

Un raig va il·luminar el racó on dormia el Jove Cavaller i l'escalfor del sol li va proporcionar un dolç despertar. En incorporar-se va constatar que la llum provenia del que semblava la sortida de la gruta. Va creuar el llindar de la cova i va trobar una immensa muntanya coberta de neu. El reflex del sol de l'alba en ella era tan intens que gairebé no podia obrir els ulls.

Es va agenollar i va agafar un grapat de neu que va desfer amb l'escalfor de les mans per beure i refrescar-se el rostre.

Una veu li va parlar des d'aquella intensa blancor.

—Falta molt poc perquè culminis el teu viatge! El més alt de tots aquests cims t'espera. Hi trobaràs el camí de tornada a casa i cap allí has de dirigir-te ara.

—Ulldor, ets tu? No puc veure't!

—Sóc aquí, davant teu. El meu color és el mateix que el de la neu.

El cavaller es va fregar els ulls. Al cap d'uns instants, quan els va tornar a obrir, va veure la silueta de l'Ulldor a deu metres de distància, posat al capdamunt d'una penya.

—Estimat amic, com t'he trobat a faltar!

—Jo també! Veig que, malgrat tot, el teu estat no és tan lamentable com es podria esperar —va afirmar, sorprès.

El cavaller va preguntar al mussol:

—Digues-me, per què dimonis sempre mires les coses pel costat positiu?

—Perquè no tinc temps ni ganes de veure-les d'una altra manera! Però ara parla'm de tu. Què has après fins ara en aquest viatge?

—Moltes coses, però es poden resumir en una idea.

—T'escolto amb totes les meves orelles! —va interrompre'l, entusiasta.

—He après que el veritable poder de les persones no rau en l'aparença, l'ostentació, la part externa... El poder no és una simple qüestió de força física, enginy, riquesa o intel·ligència... Hi ha una cosa molt, molt més important que està relacionada amb la *força interior*. El veritable poder sorgeix de la part més profunda de l'ànima de cada ésser humà: és la força que ens fa plantar cara als reptes, alçar-nos després de caure mil i un cops, lluitar per una causa justa o necessària, no perdre mai l'esperança, perseverar, veure de manera constructiva el que ens passa, saber que el que anomenem «jo» és en realitat un «nosaltres» i actuar en conseqüència, celebrar i agrair cada instant de la vida, fer bona cara al mal temps, treballar amb el cor per un futur millor per a tots, avançar sense por, lliurar-se a cada desafiament de la vida amb coratge, responsabilitat, humilitat, confiança... En definitiva, *poder és desenvolupar la capacitat per canviar la realitat gràcies a la força de les nostres actituds*.

—No puc estar-hi més d'acord! *Més fa qui vol que qui pot* —va afirmar, exultant i satisfet, l'Ulldor.

—És més: ara sé que podria enfrontar-me a en Nul.

En aquell moment, una expressió de preocupació profunda va envair el rostre del mussol blanc.

—Cap ésser humà no ha vençut mai en Nul, el Senyor de les Tenebres. Només en Manllum i jo hem sobreviscut als encontres amb ell, no sense ferides ni dolor. A més, entre els humans, ell només té por del rei, ja que potser és l'únic capaç de derrotar-lo, però...

El cavaller es va apropar a tres metres de l'Ulldor i va protestar:

—Crec que m'amagues alguna cosa essencial. No he arribat fins aquí per seguir el meu camí amb mitges veritats! Necessito saber a què m'enfronto i si tinc alguna possibilitat de tornar sa i estalvi al meu regne.

—Bé. Si aquest és el teu desig, t'ho diré... Diu la llegenda que en Nul només té un punt dèbil... La llegenda diu que no té cor. Per això va robar la màgica Albor, l'espasa que desplega tot el seu extraordinari poder quan és a prop del cor del seu legítim propietari. Però l'espasa sense el príncep no té cap mena de poder; per això va segrestar també en Janus a fi d'utilitzar-los contra el regne quan el príncep tingués prou edat i força.

—I com vèncer-lo, si no té cor?

—Diuen que el Senyor de les Tenebres només pot ser vençut per l'acte de lliurament més gran que un ésser humà pugui fer...

—I quin és?

—Només de tu depèn descobrir-lo. Jo no te'l puc revelar. Ara he de marxar.

Mentre l'Ulldor batia les ales, el cavaller li va demanar:

—No marxis, sisplau! Com reconeixeré l'Albor?

—L'Albor té una característica que la fa única: només és lleugera per al seu legítim propietari. Ni el més fort dels cavallers podria carregar-la. Només el rei o en Janus podrien fer-la anar amb facilitat.

—De quin material és feta?

—Del material amb el qual es forgen els somnis —va udolar l'Ulldor en un sospir gairebé inaudible mentre s'allunyava.

XIX

La muntanya del Destí

En la seva ascensió cap al cim, era tal la fulgor de la neu que al cap de poques hores el Jove Cavaller gairebé no distingia formes ni contrastos de llum. Se sentia atordit, confós, amb el cos summament adolorit. Per companyia només tenia el so de les seves petjades sobre el blanc mantell, el vapor del seu alè i el fort batec del seu cor.

A unes cent passes li va semblar entreveure la silueta de l'unicorn que es dirigia també cap al cim.

La visió del preciós animal que li havia indicat el camí que havia de seguir des del començament del viatge el va animar i, amb forces renovades, va accelerar el pas per atrapar-lo, però no ho va aconseguir. Gairebé esgotat, va arribar finalment a una feixa sobre la qual s'aixecava l'última penya de la muntanya, amb un pendent escarpat de cent metres d'altura. L'unicorn havia desaparegut i sobre la neu només hi quedava el rastre de les seves petjades. Conduïen a uns grans blocs de gel situats a la base de la penya. El cavaller va decidir avançar cap a aquell lloc i un cop allí, de sobte, li va semblar advertir-hi la presència d'un altre home jove. «Serà en Janus?», es va preguntar esperançat. «Qui, si no, ha pogut arribar fins aquí? L'unicorn m'ha portat fins a ell, fins al príncep!», va exclamar, vehement.

A penes a deu metres de distància d'aquell lloc, el va perdre de vista. Desconcertat, s'hi va apropar i va palpar aquell immens bloc gelat amb la mà tremolosa pel fred i l'excitació. En aquell instant va sentir, com un eco, un terrabastall que arribava des del cim de la muntanya. En mirar-hi va veure entre ombres com el vèrtex de la penya començava a fragmentar-se i, en la seva caiguda, una enorme allau de cristalls de gel, roques i neu s'ensorrava sobre aquell lloc. El seu instint el va portar a fugir, a allunyar-se de l'allau, que va caure just on li havia semblat veure en Janus. Es va fer llavors un silenci profund. El Jove Cavaller, fora de perill, contemplava desconcertat com totes les seves esperances morien sota el fred. Ningú no podia sobreviure a aquella allau.

Va buscar entre les pedres i el glaç i va cridar, desesperat, el nom d'en Janus. Va dedicar les seves últimes energies a remoure gel, pedres i neu amb totes les seves forces i les seves mans van començar a sagnar, el seu cos va deixar de sentir el fred i li va semblar que el cor se li aturava.

El mantenien dempeus, davant d'aquella entrega sense límit al caire de la seva pròpia mort, imatges somniades, estimades: la trobada d'en Janus amb el rei, el seu retrobament amb l'Ànima, en Sid i els seus companys, la visió del regne en pau i prosperitat, en Manllum lliurant l'Albor al rei, una nova lluïssor d'esperança als ulls de tot el món. Sí, l'esperança encara vencia la resignació.

No obstant això, després d'una llarga i vana recerca, ja sense forces, impregnat de suor i aclaparat per un profund sentiment de fracàs, el Jove Cavaller es va agenollar convençut que el final havia arribat. Els seus ulls van vessar sobre la neu tres llàgrimes d'amarg dolor.

En aquell instant, una poderosa presència es va manifestar del no-res i una profunda sensació de pau el va envair per complet. Va aixecar el cap i els ulls, encegats per la llum, sense gairebé distingir les formes, li van mostrar una cosa extraordinària: un enorme drac blanc de dos caps, alçat davant d'ell, el contemplava amb una mirada plena de comprensió. Un dels caps tenia trets masculins i l'altre, femenins. La seva presència no era amenaçadora, tot i que sí poderosa. En la seva mirada hi havia tal bondat, que l'emoció el va aclaparar i un intens sentiment de pau, felicitat i gratitud va omplir el seu ésser.

Commogut, no donava crèdit a allò que veia i sentia.

—No pot ser! No és possible! O estic somiant o els meus sentits m'enganyen! És l'Aur, el gran drac blanc, amb l'alè del qual es va forjar la poderosa Albor!

Amb el genoll dret recolzat a terra, el Jove Cavaller va inclinar el cap i va dir:

—Us saludo, poderós Aur.

Com si un cor de bellíssimes veus humanes li parlés a l'unísON, el drac va respondre:

—Benvingut al cim de la muntanya del Destí, el final del teu viatge. Conec bé el motius que t'han portat fins aquí, però, digues, què és el que t'entristeix tant?

—Oh, poderós senyor, després d'una allau he perdut el rastre de l'unicorn, aquell que em va mostrar el camí...

L'Aur el va interrompre amb una veu suau i impregnada de comprensió:

—No pateixis. L'unicorn segueix viu. Escolta el teu cor, què et diu?

Va meditar uns instants i va xiuxiuejar:

—És estrany, però sento com si ell bategués dintre vostre!

L'Aur va somriure.

—I és així. Jo sóc ell, com vaig ser també en el seu moment el drac de la Por. Els tres som un, però ens mostrem a cada humà segons la llum de la seva ànima. Al principi del teu viatge vas trobar el paorós drac de la Por, després vas seguir l'unicorn, aquell que guia l'ésser humà fins a la llibertat i, finalment, has arribat fins aquí. Ara, a l'acabament del teu viatge, em pots veure...

El cavaller va prendre la paraula:

—Digueu-me, poderós Aur, on és en Janus? Em va semblar endevinar la seva figura, però després de l'allau no l'he trobat.

L'Aur va guardar un llarg silenci, després del qual va respondre:

—Poca cosa puc dir-te sobre en Janus... Però sé que l'Albor encara existeix. Va ser forjada amb el meu alè i sempre ens hem mantingut units. L'ànima de l'Albor batega també amb el cor d'en Janus... Sé que ell encara segueix viu, tot i que les seves forces són molt escasses... Has de trobar primer l'espasa, ja que només ella podrà conduir-te fins al príncep.

—I com puc trobar-la?

—L'Albor és amagada, protegida com una llavor entre arrels profundes. Això no obstant, has desenvolupat un gran poder en aquest viatge; cap humà no havia arribat fins aquí des que ho va fer el rei. Has de saber que tu també estàs preparat per assumir el poder.

—I en Nul? Qui és? Què és? És un home, un mag, un espectre potser...?

—En Nul va ser un gran home, un cavaller digne, però amb el temps la seva ambició desmesurada i la seva avarícia il·limitada el van portar a lliurar-se a l'estudi de la màgia negra. A canvi de la immortalitat per apoderar-se de la terra va lliurar la seva ànima i el seu cor.

—En Manllum em va explicar que en Nul té un punt dèbil...

—Sí, així és. Aquell que vulgui vèncer-lo ha de donar-ho tot sense esperar res a canvi. La seva derrota provocaria, a més, l'esvaïment del seu exèrcit d'espectres, ànimes en pena, víctimes de la mateixa ambició insana. És el fosc poder d'en Nul el que els manté en una espècie de vida sense voluntat, emoció ni consciència. Beu ara d'aquesta font. Sé que estàs assedegat, famolenc, malferit i esgotat —li va indicar l'Aur assenyalant un penyal situat al seu costat, d'on brollava una aigua cristal·lina—. Torna després al regne; el rei espera la teva resposta i la seva vida s'esgota. Aquesta aigua et refarà i guarirà les teves ferides. A partir d'ara podràs veure-hi de veritat...

El cavaller va beure de la font mentre el drac blanc li deia:

—M'acomiado de tu, Jove Cavaller. La meva ànima, d'ara endavant, serà sempre amb tu.

I, inclinant-se, el gran Aur va tancar els ulls en senyal de reconeixement.

Després de beure l'aigua, el Jove Cavaller es va quedar profundament adormit sobre la neu.

TERCERA PART

El retorn

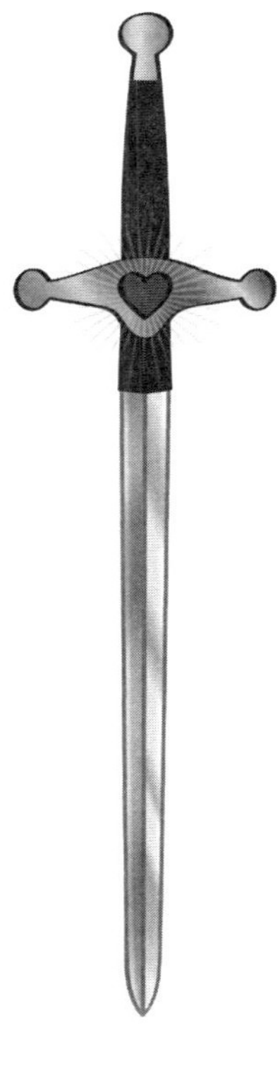

XX

Sang, suor i llàgrimes

Quan es va despertar, després d'un son profundament reparador, es va trobar al costat d'en Dru, l'extraordinari roure on havia iniciat el seu viatge. Lluïa un sol preciós i els ocells es mostraven molt vivaços entre els arbres.

Volia tornar immediatament al castell per donar compte al rei del seu periple per la Terra del Destí. Però alguna cosa li deia que no era lluny de trobar en Janus i l'Albor. Encara assegut al terra, va recolzar les mans per intentar incorporar-se i va acariciar una de les enormes arrels d'en Dru que sobresortien de la terra. Llavors va recordar el que li havia dit l'Aur: «L'Albor es troba oculta, protegida com una llavor entre arrels profundes», i va notar que la llavor de l'Ànima, la que li tocava el pit, bategava amb vida pròpia al mateix ritme que el seu cor i que el seu pes semblava augmentar per instants responent a la crida de la terra per germinar.

Portat per un instint que semblava sortir de la part més profunda del seu ésser, es va agenollar, va treure la llavor del penjoll, la va agafar entre les mans i la va acariciar, conscient que aquella era la primera llavor que va donar en Dru. Va gratar la terra per plantar-la i la va dipositar on hauria de germinar. Va deixar caure-hi una gota de sang que va brollar d'una petita ferida oberta a la seva mà dreta després de furgar la terra. Al mateix temps, una altra gota de suor li va caure del front i una llàgrima li va lliscar des de la galta. La sang de la força i la passió, la suor de l'esforç i el sacrifici i les llàgrimes de la consciència i la gratitud es van fondre donant vida a la llavor de l'Ànima.

En Dru, el pare de tots els arbres de la terra, aquell en el tronc del qual havia iniciat el viatge set dies abans, li va parlar:

—La teva sang, la teva suor i les teves llàgrimes es barregen ara sobre la terra que conté la llavor. El poder d'estimar, de lliurar el cor a tot el que fem a la vida, s'encarna en la sang. El poder de l'acció es manifesta en la teva suor i és conseqüència del lliurament al teu treball. El poder de la consciència són les llàgrimes, ja que expressen el dolor, l'alegria, la gratitud; i ens permeten veure-hi. De la suma de tots tres neix el veritable poder..., el *teu* poder.

Aquell roure extraordinari, gegantí, poderós, manifestació del mateix esperit de la vida encarnat en forma d'arbre, va prosseguir:

—Arribar fins aquí no t'ha estat fàcil. Per a aquesta gran tasca les teves armes han estat el coratge, la responsabilitat, el propòsit, la humilitat, la confiança, la gratitud, la integritat i l'amor. Una tasca de lliurament absolut, en la qual t'has oblidat de tu mateix i has arribat, finalment, a tu. Contempla'n ara el resultat.

Mentre el Jove Cavaller escoltava la serena veu d'en Dru, va observar com la llavor germinava i creixia a una velocitat insòlita per adoptar la forma d'un jove arbre en un desplegament d'extraordinària potència i bellesa, fins a aturar-se a l'alçada del pit del cavaller que, dret, contemplava el prodigi.

Era un preciós arbre i el Jove Cavaller, atret per la seva bellesa, va apropar-hi la mà dreta per acariciar-ne una de les fulles. En aquell precís instant, una clara llum els va envoltar i el jove i preciós roure es va transformar en l'espasa més bella que havia vist mai.

L'espasa estava clavada a la terra, ferma i lluminosa. Era una espasa de dues mans bellíssima, a la creu de la qual, on s'unien l'empunyadura i la fulla, un robí encastat en or en forma de cor es mostrava amb tota la seva esplendor.

El cavaller va agafar l'espasa i va notar que, malgrat la seva mida i solidesa, era summament lleugera! I que el cor de robí bategava! L'espasa estava viva! «Quina sensació tan estranya! Una espasa amb vida, amb ànima, el cor de la qual batega, que sembla contenir en si mateixa tota la força de l'univers i és a la vegada tan lleugera com un anhel», va pensar.

La va empunyar, la va observar amb summa atenció i va constatar que el robí tallat en forma de cor tenia la mateixa forma que l'escut i el segell del rei. Llavors va recordar que l'Ulldor li havia dit que l'Albor, l'espasa reial, era només lleugera per al seu legítim propietari. Un intens calfred li va recórrer el cos i va sentir que el seu pit cremava. Desconcertat, es va dir: «No pot ser, no és possible. Aquesta espasa és sens dubte l'Albor, però jo... No sóc en Janus! No, no... On és en Janus? És una trampa d'en Nul...! És impossible que jo sigui...! No pot ser...!»

Desconcertat, va mirar en Dru i li va dir:

—Noble arbre, digueu-me la veritat, us ho demano. Aquesta espasa és l'Albor? I, si és així, per què batega amb el contacte de la meva mà? Per què és tan lleugera? És que en Janus és a prop?

La veu d'en Dru va parlar:

—És molt, molt a prop teu. Sempre ho ha estat. Ha arribat ja el moment...

Una sensació de vertigen sense límit es va apoderar del cavaller.

—Et saludo, Janus, príncep del regne d'Albor! Aquesta és la teva espasa, la que va ser espasa del teu pare, dels teus avantpassats, del teu llinatge. Recupera el que sempre t'ha pertangut!

En Janus, el Jove Cavaller, va sentir que el batec de l'Albor agafava més força i que la seva mà la brandava forta i lleugera com el vent. La va notar trempada com l'aire de primavera, amb una fulla tan ferma que ni el millor dels ferrers seria capaç de forjar-la, i amb una força i una brillantor que ni el diamant les superava.

En Janus va dipositar en aquell moment l'espasa davant l'arbre i el sol els va il·luminar.

—Empunya l'espasa amb la qual regnaràs, estimat Janus! —va exclamar en Manllum, que va aparèixer inesperadament.

En Janus estava perplex: aquell a qui tant havia buscat per salvar el regne era ell mateix! Tot i que..., d'alguna manera, al fons del seu ésser sempre havia tingut la lleu intuïció que algun vincle l'unia al rei i a la reina.

En Manllum va continuar:

—Escolta bé el que ara t'explicaré, perquè aquesta és la teva història i ha de ser ja desvelada. La mateixa nit en què vas ser segrestat per en Nul, vaig marxar a la teva cerca resolt a rescatar-te, disposat a donar la meva vida. La teva desaparició i la pèrdua de la màgica espasa significaven el preludi d'una derrota imminent i definitiva. Vaig trobar el pervers a la frontera del regne, lloc on tenia instal·lades les seves tropes. Sense saber-ho, l'Ulldor em va seguir. La meva lluita amb en Nul va ser aferrissada i, durant el combat, aprofitant la confusió del moment, l'Ulldor et va agafar entre les seves grapes i et va portar volant fins a casa meva. Ni tan sols jo, absort en el combat, me'n vaig adonar! En Nul es va quedar confós. Havies desaparegut sense deixar rastre! Vaig aprofitar aquell moment per fugir amb l'Albor i la vaig amagar entre les arrels d'en Dru, al costat de casa meva. Així podria vigilar-la i protegir-la sempre amb l'ajuda de la infranquejable força de les seves arreles. Vaig realitzar un conjur: l'espasa només tornaria a mostrar-se davant un home de cor noble capaç de donar-ho tot en el seu viatge per la Terra del Destí.

El mag blanc va respirar profundament. Mentre narrava a en Janus la complexa història, els seus ulls i el seu rostre no podien amagar una intensa emoció, fruit del record de tot el que havia viscut.

—L'Ulldor es va presentar aquella mateixa nit a casa meva i em va explicar que t'havia rescatat. No et vaig tornar als teus pares per protegir-te, per evitar una nova incursió d'en Nul. Vam comptar amb l'ajuda d'uns pagesos de l'indret que et van criar com si fossis el seu propi fill fins als tres mesos. Després et vaig portar a casa del ferrer del castell i et vaig presentar com el fill d'uns pagesos que havien mort a l'incendi que en Nul va provocar en la seva fugida. Ningú, sobretot el pervers Nul, no havia de saber on eres! El lloc més segur per amagar-te era lluny de mi i del rei, ja que l'infame faria tot el possible per trobar-te i tornar-te a raptar. En presentar-te com un orfe i posar-te sota la tutela del ferrer i la seva esposa, vaig poder tenir-te prop meu i propiciar al llarg de la teva vida la trobada amb els teus pares vertaders. Ni el rei ni la reina no van saber mai que eres el seu fill. Una òptima solució, tot i que dramàtica i dolorosa, per a la teva supervivència i la del regne. No podíem permetre que se sabés qui eres ni que tu mateix en fossis conscient, fins que estiguessis realment preparat per assumir el poder.

En Janus va semblar comprendre-ho tot malgrat el dolor i l'emoció que sentia. Es va dirigir cap a en Manllum:

—Ara entenc per què en Nul no va atacar durant tots aquests anys: no tenia en Janus ni l'Albor; no tenia les armes amb les quals vèncer.

—En efecte! De fet, ningú al regne no sabia que tu eres en Janus excepte l'Ulldor i jo. Només vam tenir una còmplice: l'Elk, l'àguila que protegeix el regne. Ella també ho sabia perquè li vam dir que vetllés per tu. No hi havia una altra opció: havies d'arribar per tu mateix fins a tu per conquerir el veritable poder.

En Janus, sensiblement commogut, va sentir la necessitat d'empunyar la màgica Albor. Fer-ho era com ser prop del seu pare, el rei, i també de la seva mare, la reina, morta molts anys abans. Aquesta era la *seva* espasa i la va empunyar sense orgull, amb humilitat i profunda gratitud, però amb fermesa, força i seguretat. Tot i que alguna cosa en el seu interior li deia que la prova definitiva encara havia d'arribar...

XXI

A l'alba

Quan en Janus s'apropava a en Manllum per agrair-li tot el que havia fet, una força invisible i devastadora va colpejar el pit del mag blanc i el va llançar a uns quants metres de distància. En Manllum va quedar ajagut inconscient a terra.

En el mateix moment va aparèixer davant d'ell, traient-se la seva capa d'invisibilitat, una immensa figura dos cops més gran que el més gran i corpulent dels homes, d'aspecte espectral i cobert amb una túnica negra esparracada i pestilent que l'havia ocultat fins en aquell instant. Amb la veu esbufegant i plena d'odi va exclamar:

—Així que tu ets aquell a qui tant he desitjat trobar! Ara no tindràs qui et rescati... Ves per on, ho vaig saber quan vas rebutjar el beuratge de l'Skal! He estat seguint-te en el teu viatge, petit príncep... —va roncar, cínic, l'espectre.

Era, sens dubte, en Nul, que, després de remugar aquestes paraules va extreure un bastó de ferro enorme, gruixut, retorçat i rovellat mentre cridava:

—Tu, l'espasa i el regne em pertanyeu! Lliura't i lliura l'Albor. Fes-ho ràpid o tots moriran... Una mort lenta i dolorosa t'espera si no et rendeixes! Vèncer-te serà fàcil. Ningú en milers d'anys no m'ha vençut! Ningú no pot vèncer-me! Ningú! Ets un simple humà: nimi, dèbil, limitat i mortal... Igual que el teu pare, el tan admirat rei! Com sou d'estúpids els humans amb les vostres vanes esperances, anhels i nècia recerca de la felicitat. Seran inútils la teva promesa, el teu viatge, els teus esforços... Tot s'acaba aquí, ingenu!

En Janus no tenia por. Una enorme força interior el sostenia i l'impulsava a plantar cara al més temut. Només hi havia una opció: defensar la vida, defensar amb dignitat el regne a qualsevol preu per evitar el sense sentit, el dolor i la mort. Era el moment de desplegar tot el poder.

—Dóna'm l'Albor i sotmet-te a la meva voluntat! —va repetir en Nul.

En Janus va empunyar l'espasa màgica, la va alçar fins a situar el cor de robí davant dels seus ulls, que miraven fixament en Nul.

—Veniu a buscar-la —va respondre.

Amb un udol punyent, en Nul es va llançar contra en Janus. Àgilment va esquivar el primer cop del gegantí bastó màgic del maligne. La lluita va ser terrible, aferrissada, feroç. El combat es va prolongar durant dos dies amb les seves dues nits sense pausa ni descansos, fins que l'esgotament va fer efecte sobre en Janus.

A la matinada de la segona nit, en Nul va tocar amb un cop precís un dels genolls d'en Janus que, per primera vegada en tot el combat, va caure a terra. L'Albor va rodar a pocs metres d'ell. El pervers s'hi va apropar, es va situar davant del príncep i, aixecant el bastó, va cridar sense cap senyal de pietat:

—Mor! Tot el teu esforç ha estat debades! Ho destruiré tot! Només gaudiré de l'Ànima, que serà la meva reina a les tenebres, i d'en Sid, a qui faré hereu del meu món!

Inesperadament, una ombra es va abraonar sobre en Nul i va esgarrapar amb força el cap de l'espectre. Era l'Ulldor, que va deslliurar així en Janus del cop precís i definitiu que es disposava a ventar-li el maligne. En Nul va reaccionar i va llançar un cop terrible contra el mussol blanc que el va fer caure, aparentment sense vida, prop del cos d'en Manllum.

La derrota d'en Nul semblava impossible. Enmig de la fosca nit, davant el més temible dels enemics, un pensament va sorgir del cor d'en Janus: «La foscor no pot vèncer la foscor; únicament pot fer-ho la llum. Combatre odi amb odi farà d'aquest combat una lluita sense fi». I va recordar la frase del rei abans d'iniciar qualsevol batalla: «L'amor tot ho venç!», i el que li va dir l'Ulldor dos dies abans: «En Nul només pot ser vençut per l'acte de lliurament més gran». «A què devia referir-se l'Ulldor?», es va preguntar. L'Aur també li havia dit que en Nul havia estat un noble cavaller, però que, sense ànima ni cor, no podria suportar el senyal de poder més gran.

Tots aquells records van recobrar sentit. En Janus finalment va comprendre quin era l'únic cop precís que destruiria en Nul.

I així va ser com, per primera vegada des que va ser forjada, l'Albor va deixar d'apuntar l'enemic. En Janus, en un gest sense parangó, va agafar l'espasa per la fulla i va apuntar-la cap al seu propi cor.

De sobte, i per primera vegada, la veu d'en Nul va titubejar:

—Lluita! No t'aturis! Què pretens?!

En Janus va clavar la mirada en l'espectre gegant, disposat a lliurar la seva vida a l'Albor perquè en Nul contemplés el senyal més gran de poder possible. El seu sacrifici era l'única opció que garantiria la vida d'aquells a qui estimava.

—No ho facis! Allunya l'espasa del teu cor! Allunya-la! Maleït siguis! —va cridar en Nul amb la veu encesa, mostrant una por profunda. No es podia creure el que veia! Aquell gest mostrava la major grandesa d'un ésser humà: el lliurament total, l'acte de poder més gran...

Quan la punta de l'Albor va fregar el pit d'en Janus, l'espasa va començar a resplendir, convertida en un feix de llum blanca. I mentre l'Albor es clavava en el seu pit, la figura d'en Nul va començar a cremar com una torxa gegant. En Janus no sentia dolor, ben al contrari. Semblava que l'espasa es fonia amb l'ànima del seu legítim amo i el dotava de tot el poder que havia tresorejat des que havia estat forjada amb l'alè de l'Aur.

En Nul, agenollat i en flames, emetia un crit de dolor punyent mentre es consumia fins quedar reduït a un grapat de cendres que el vent d'aquell matí de primavera va escampar. Un enorme clamor es va sentir llavors des de la llunyania; eren els milers d'espectres que, alliberats amb la desaparició del Senyor de les Tenebres, per fi van trobar descans.

En Janus va alliberar l'espasa del seu cor i en fer-ho no va sentir dolor. No obstant això, al pit li va quedar una cicatriu que l'acompanyaria la resta de la seva vida.

I així va ser com a trenc d'alba del tercer dia de combat, abans que sortís el sol, en el que era també el desè dia des de la partida del Jove Cavaller, en Nul i la seva amenaça van desaparèixer de la faç de la terra.

XXII

El poder de l'amor

Un cop vençut el malvat, en Janus va córrer cap a en Manllum i l'Ulldor.

—Manllum! Ulldor! Desperteu-vos, sisplau! No marxeu, amics, mestres meus! Us ho demano! No!

En Manllum va tossir repetidament, va obrir a poc a poc els seus ulls clars i va xiuxiuejar:

—El meu pit ja no és el que era...

—Ni les meves ales tampoc! —va remugar l'Ulldor.

—Mala herba som! Ni un cop precís aconsegueix segar la nostra vida, estimat Janus! —va afegir en Manllum.

En Janus va sentir llavors un renill. Era en Kam que, feliç i desbocat, donava la benvinguda al seu amo.

—Marxa rabent cap al castell! —va exclamar en Manllum mentre s'incorporava—. Aviat sortirà el sol per la finestra del rei i ha de conèixer com més aviat millor la bona nova. Embeina la teva espasa i cavalca. El teu pare, el rei, t'espera.

En Janus va tornar al castell al galop. Prop ja del castell, l'Elk, l'àguila reial, va anar a rebre'l. I la sorpresa més agradable la va tenir en escoltar rere seu el galop de tres cavalls: eren en Cap, en Cop i en Cor, els seus estimats companys.

Els quatre cavallers van entrar veloços a la plaça del castell. En Janus comprovava amb alegria que tothom havia recuperat el somriure i el bon ànim.

En Janus va pujar de tres en tres els graons que portaven a la cambra reial. Abans de trucar a la porta va sentir que la veu greu, amable i gastada del rei deia:

—Endavant.

El cavaller va entrar en el moment que el primer raig de sol s'esquitllava per la finestra.

Havia complert la seva promesa, i el seu propòsit.

El rei va mirar en Janus i va notar que la seva mirada havia canviat en aquells deu dies. Transmetia més força i seguretat i també desprenia una profunda pau. Semblava que aquells ulls havien recuperat una cosa perduda durant molt de temps. Va mirar llavors l'empunyadura i la creu de l'espasa i un nus d'emoció a la gola li va fer murmurar amb veu ofegada i tremolosa: «Albor...».

Profundament emocionat, va dirigir la seva mirada cap al Jove Cavaller.

—No! No pot ser! Janus!

El príncep va donar llavors set passes i es va agenollar davant del rei:

—Pare...

—Aixeca't, sisplau —va xiuxiuejar mentre recolzava les velles i tremoloses mans a les espatlles del seu fill.

L'emoció de la trobada era tan intensa que en Janus es va quedar sense paraules.

El rei, commogut, va aixecar el rostre del seu fill:

—Fill meu. Ets tu, veritat?

I una abraçada ferma, càlida i prolongada, acompanyada de l'emoció més intensa, va brollar dels cors de pare i fill i va segellar el retrobament dels qui, fins en aquell instant, havien estat units en l'ànima, tot i que separats en la consciència de la seva identitat vertadera. Ara, a la fi, cadascú podia reconèixer qui era l'altre i veure la realitat lliure de fosques amenaces.

En Janus li va explicar tot el que havia succeït. El seu viatge per la Terra del Destí, la troballa de l'Albor, el combat, la victòria sobre en Nul i les explicacions d'en Manllum sobre els seus orígens. Mentrestant, el rei, assegut al tron, escoltava absort i els seus ulls adquirien un gest estrany, combinació de tristesa i alegria. S'havia perdut molt durant tots aquells anys foscos, però ara, a la fi, la pau i l'esperança tornaven a florir.

A continuació, pare i fill van contemplar en silenci el bellíssim sol naixent que il·luminava el regne, fins que el rei, amb forces renovades, va proclamar:

—Aquest matí el sol il·lumina una terra diferent. L'alegria ha tornat a nosaltres. La por ha estat finalment vençuda per l'amor.

—L'amor, que tot ho venç, pare...

—Això mateix... L'amor és més que només paraules, sentiments o intencions. És, per damunt de tot, acció. És també coherència i audàcia. Un covard és incapaç de mostrar amor; només els valents saben fer-ho. Només és capaç d'estimar i lliurar-se qui és fort de veritat. No pot haver-hi grandesa sense lliurament. La veritable riquesa d'un ésser humà rau en allò que és capaç de donar d'ell mateix!

I va afegir:

—Cada ésser humà té una missió per complir en aquesta vida. Cada missió és única i necessària, com única i irrepetible és cada persona. Cadascú té a més l'oportunitat d'emprendre el seu viatge per la Terra del Destí. Al final d'aquest viatge sempre ens espera un tresor. Aquest tresor és l'encarnació d'un desig profund relacionat amb el nostre veritable poder. Ajuda els que t'envolten a trobar el seu tresor en la part més profunda d'ells mateixos!

—I digues-me, pare, el destí, quin paper hi fa?

—Crec que cada ésser humà pot ser arquitecte del seu propi destí si té la decisió i la determinació per serho. *Els arquitectes del destí, creadors de poder, treballen per desenvolupar possibilitats i circumstàncies, i eviten caure en el recurs fàcil de la queixa estèril, l'amenaça gratuïta o el victimisme permanent, que destrueixen la força interior. L'enemic és sempre interior.*

L'Elk, la preciosa àguila reial, es va posar llavors sobre l'ampit de la finestra. Mentre el rei l'acariciava, va seguir parlant:

—Sense entusiasme no s'ha aconseguit mai res d'extraordinari. El camí de la vida és preciós, i ho és gràcies a l'amor i a la passió. *Observa i veuràs que tots els éssers humans que han fet gran realitzacions coincideixen en un aspecte: no creien en la casualitat. Creien en la força de la voluntat. Estaven convençuts que les coses no passaven gràcies als cops de sort, sinó per una complexa relació causa-efecte en la qual ells decidien ser-ne sempre causa.*

—I per què són necessàries tantes proves per arribar a desenvolupar el propi poder? —va preguntar en Janus.

—*Perquè, abans d'adquirir un gran poder, has d'adquirir la saviesa per saber utilitzar-lo* —va xiuxiuejar el rei—. Els arbres que creixen massa ràpid cauen, tard o d'hora, amb els cops de vent. Tot requereix el seu temps, com tot té el seu moment. I així ha de ser...

XXIII

El poder de la unió i la cooperació

—Fill, crida ara els teus companys —li va demanar el rei, mentre, cansat, es repenjava al llit—. Necessito dir-vos una cosa important.

En Janus va cridar els seus tres amics. Quan tots eren davant del monarca, els va dir:

—Ja sabeu qui ocuparà el tron. Abans de marxar, vull compartir amb vosaltres el que en el seu dia vaig aprendre d'altres més savis que jo i que tan útil m'ha estat.

Els quatre homes prestaven summa atenció a les paraules del rei.

—*No entengueu el poder com una llei per dominar els altres, sinó com un procés d'excel·lència personal i de servei a l'altre.* Ocupeu-vos bé de la vostra gent, d'aquells que treballen amb vosaltres per un propòsit comú. Ajudeu qui s'arrisca i treballa per fer possible tot el que sembla impossible i per realitzar els somnis compartits, perquè us ensenyaran que no hi ha fronteres entre els anhels i la realitat. Confieu també en qui no perd mai l'esperança, perquè seran ells els que construiran un futur millor. Doneu-los ales i mostreu-los, amb l'exemple més que amb les paraules, que la prosperitat s'aconsegueix gràcies a la cooperació dels diferents talents. I, per damunt de tot, estimuleu la vostra gent perquè facin allò que són capaços de fer, encara que vagi més enllà del que creuen que és possible. Si els tracteu com són, seguiran sent com són. Però si els tracteu com poden arribar a ser, es convertiran en allò que poden arribar a ser. La prosperitat d'aquest regne serà el resultat de la capacitat de treballar plegats, d'aprendre dels altres i d'ajudar-los a créixer.

Dirigint-se cap a en Cop, li va demanar que cridés un dels arquers. En pocs segons un arquer es va presentar a la cambra i el rei li va dir a en Cop que li apropés una de les fletxes. El monarca, summament dèbil, va agafar la fletxa i la va partir en dos sense dificultat. Llavors li va dir a l'arquer que lliurés la resta de les fletxes a en Cop. Quaranta fletxes en total. El rei llavors li va demanar que les trenqués totes d'un sol cop, però, malgrat la seva extraordinària força, no ho va aconseguir. El rei va dir llavors:

—No oblideu aquesta lliçó. *El poder més gran és l'amor, però sobretot la força de la unió que aquest genera. Manteniu-vos units, ja que qualsevol poder, si no es basa en la unió, és dèbil. La cooperació us donarà una força extraordinària que res ni ningú no podrà vèncer mai, una força que tots sols no obtindreu mai.*

Va mirar al seu fill i li va dir:

—I tu, Janus, fill meu, no oblidis que la teva possessió més preuada no serà la teva corona, el teu tron, aquest castell ni les terres del nostre extens regne, sinó la gent que treballi amb tu, els seus talents i la vostra capacitat per treballar plegats.

XXIV

L'adéu

—Podeu retirar-vos —va dir el rei a en Cap, en Cop i en Cor—. Vull acomiadar-me d'en Janus.

Ja tots dos sols, en Janus va agafar la mà del seu pare.

—Bé, fill meu. La vida segueix i molts reptes i missions hauràs d'enfrontar encara en aquesta extraordinària oportunitat que és l'existència. Aprofita-la a fons, lliura-t'hi sense por... Saps? Malgrat el dolor, l'adversitat, la pèrdua i la mort, sempre he tingut la profunda sensació que en cada moment de la meva vida he rebut allò que tocava, que era adequat i necessari; que cada experiència arribava en el precís instant. No abans, no després. Per això, sento ara que la meva vida s'apaga... Res no és casual, la vida teixeix una xarxa de casualitats aparents que no són filles de l'atzar. Són més aviat lliçons que hem d'aprendre. I fins que no les aprenguem se'ns presentaran una i una altra vegada, però no perquè les defugim, sinó perquè les integrem. Són lliçons que porten al veritable poder. La gratitud és una de les portes perquè entenguem que no existeix aquesta casualitat. L'altra, sense cap mena de dubte, és l'amor... És trist, però potser tots els problemes tenen la mateixa arrel: la por, que desapareix gràcies a l'amor; però l'amor ens fa tanta por...

I va afegir:

—Finalment, no deixis que la por mati els teus somnis. Somia sempre en alguna cosa que sigui més gran que tu, però treballa perquè aquests somnis es facin realitat. Que, quan arribi el moment final, sentis que tot ha tingut sentit, que tot ha valgut la pena, que tot a la teva vida encaixa com una unitat perfecta en la qual el darrer instant sigui un sospir en profunda pau. Estimat fill, tinc la intensa sensació que venim al món només per a dues coses: per aprendre i per estimar..., per aprendre a estimar. I aquest és l'únic motiu de qualsevol viatge. Potser la vida és aquest camí que hem de fer per tornar, de nou, a nosaltres mateixos, però amb el poder de la consciència i de l'amor. Només llavors podem tornar-li a la vida el seu regal, la nostra pròpia vida, i anar-nos-en en pau, deixant també en pau qui hem estimat i aquells per qui hem estat estimats. I és que, finalment, l'únic que ens emportarem és...

El rei va mirar el seu fill com si volgués que fos ell qui completés aquella frase. En Janus, després d'un breu silenci, va dir:

—... Allò que hem donat.

El rei va apuntar un somriure serè. Va fer un petó al front d'en Janus i va murmurar:

—Necessito descansar. Reuneix-te amb l'Ànima i en Sid; segur que anhelen veure't.

En Janus, amb el genoll a terra, va besar la mà del seu pare i va marxar.

Aquella serena nit de primavera el rei va lliurar la seva ànima al riu de la vida. I en aquell instant, sobre les ales d'una brisa suau, va arribar fins al Jove Cavaller el so llunyà de deu campanades.

XXV

Un nou dia

El rei va ser enterrat al costat de la reina al jardí del castell, on belles flors i grans arbres van créixer durant molts i molts anys.

En Janus va regnar amb pau, justícia i prosperitat al costat de l'Ànima i en companyia dels seus fidels amics.

En Sid va esdevenir dipositari de la saviesa d'en Manllum i l'Ulldor.

En Kam va acompanyar sempre en Janus i l'Elk va protegir des de les altures el regne.

En Dru va seguir creixent i donant refugi a secrets i a centenars d'ocells que niaven a les seves branques cada primavera.

I els homes van recuperar l'esperança, l'alegria, l'optimisme, la generositat, el lliurament i la confiança que no haurien d'haver perdut mai.

Tot això gràcies al poder de l'amor, que tot ho pot, que tot ho venç.

Els Set Poders

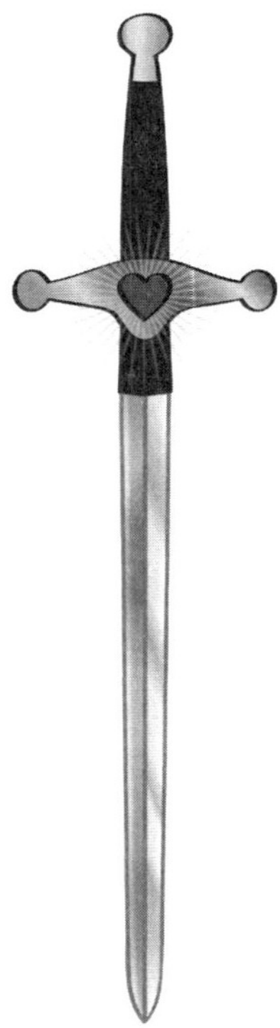

1. Coratge

El coratge no és la simple absència de la por,
sinó la consciència que hi ha alguna cosa
per la qual val la pena arriscar-se.

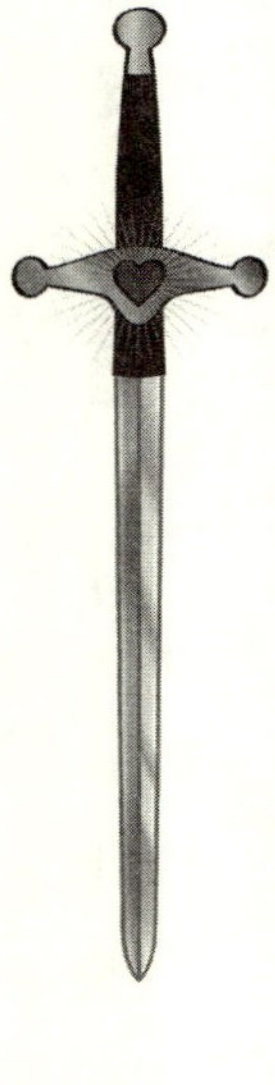

El coratge converteix l'amenaça en oportunitat.

2. Responsabilitat

La responsabilitat és la capacitat
de donar resposta als errors, els canvis,
els fracassos i les crisis que ens presenta la vida.

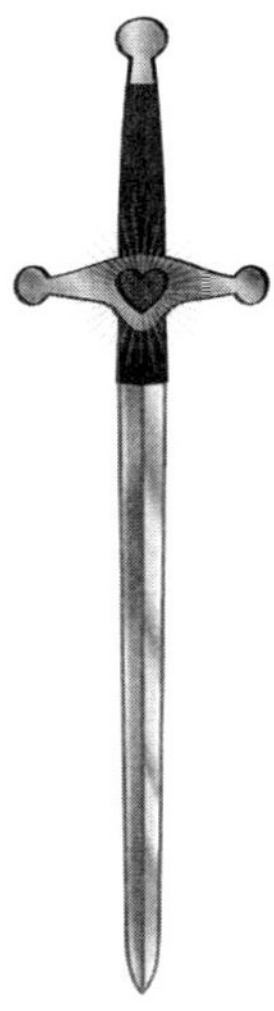

*El veritable èxit no és possible llevat
que siguis responsable i visquis tots els revessos
com una gran oportunitat d'aprenentatge.*

3. Propòsit

Propòsit és voluntat i lliurament per aconseguir que un somni es faci realitat.

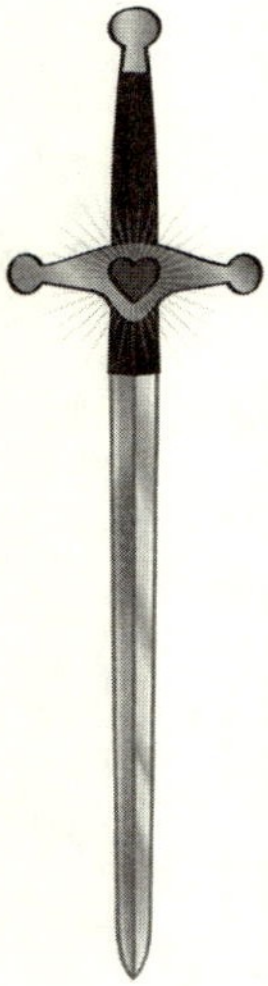

Més fa qui vol que qui pot.

4. Humilitat

La humilitat ens permet veure les coses com són, sense les deformacions que genera la lent de la vanitat.

La vanitat encega; la humilitat revela.

5. Confiança

La confiança és el que ens permet assumir reptes aparentment impossibles i superar-los.

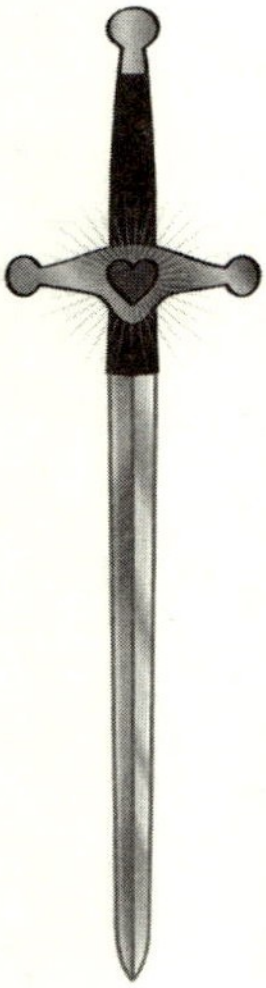

La confiança és la força
que ens alça cap als anhels.

6. Amor

El més gran de tots els poders és l'amor, que
es manifesta en l'acció conjunta de les persones
que combinen els seus talents
per fer que els somnis individuals i col·lectius
es facin realitat per assolir el bé comú.
D'ell neixen tots els altres poders.

Estima i fes.

7. Unió i cooperació

Qualsevol poder, si no es basa en la unió, és dèbil.

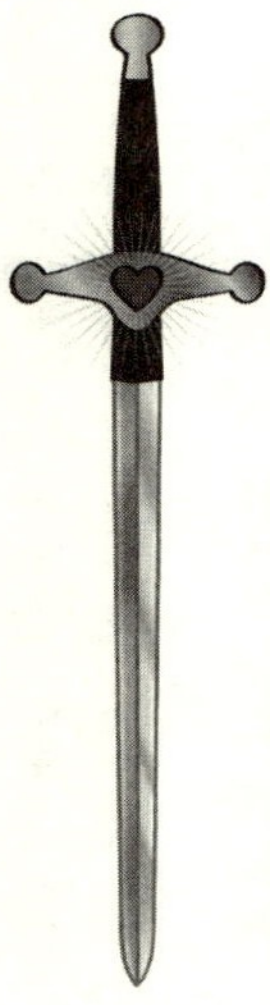

Sense cooperació no hi ha progrés ni prosperitat.

Epíleg

L'essència dels Set Poders
és el poder de desenvolupar la capacitat
per canviar i millorar la realitat individual
i col·lectiva gràcies a la força de les nostres actituds.

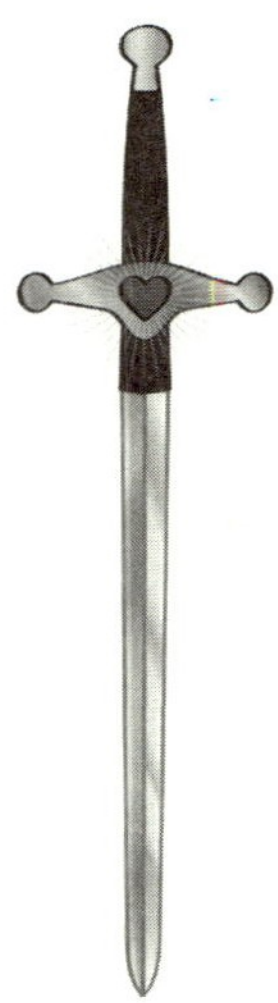

Parlant de poder...

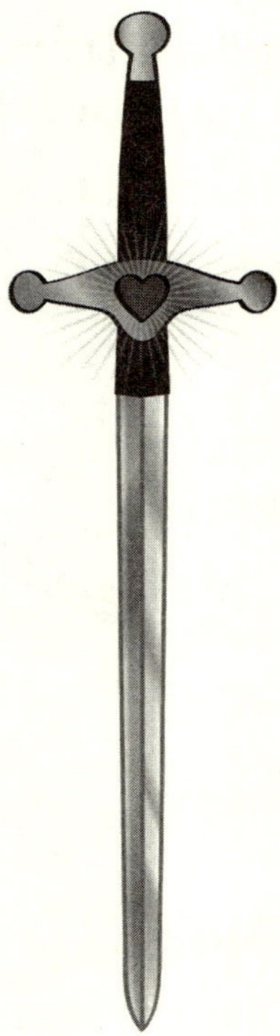

«El destí barreja les cartes,
nosaltres les juguem.»

ARTHUR SCHOPENHAUER

«El futur té molts noms.
Per als febles, és l'inassolible.
Per als temorosos, el desconegut.
Per als valents, l'oportunitat.»

VÍCTOR HUGO

«O bé ni tan sols ho intentis...,
o llança-t'hi de cap.»

OVIDI

«El coratge canvia l'aspecte de tot.»

RALPH WALDO EMERSON

«No és que no ens hi atrevim perquè les coses
són difícils. Simplement les fem difícils
quan no ens hi atrevim.»

SÉNECA

«La vida pot ser meravellosa si no en tenim por.»

CHARLES CHAPLIN

«La por fa que es produeixi allò que es tem.»

VIKTOR FRANKL

«Anteposem la por perquè no deixi passar
el nostre futur.»

RUDOLF STEINER

«El coratge és estar disposat a lluitar per una causa
fins i tot quan estem segurs que perdrem.
Hi ha moltes victòries pitjors que la derrota.»

GEORGE ELLIOT

«No perdo l'ànim, perquè cada intent fallit
que deixo enrere és un nou pas endavant.»

THOMAS ALVA EDISON

«Els que renuncien són més nombrosos
que els que fracassen.»

HENRY FORD

«Podem fer el que desitgem
si ho intentem prou.»

HELEN KELLER

«Mai no s'aconseguirà res sense grans homes,
i els homes només són grans si tenen
la determinació de ser-ho.»

GENERAL CHARLES DE GAULLE

«Hem de convertir-nos en el canvi
que busquem al món.»

MAHATMA GANDHI

Parlant de poder...

«L'única manera de descobrir els límits del que és possible és anant més enllà, cap al que és impossible.»

ARTHUR C. CLARKE

«La clau de tota porta és la humilitat.»

ALEJANDRO JODOROWSKY

«Alguns homes observen el món i es pregunten: "Per què?" Altres homes observen el món i es pregunten: "Per què no?"»

GEORGE BERNARD SHAW

«L'última de les llibertats humanes és escollir la nostra pròpia actitud davant de qualsevol circumstància.»

VÍCTOR FRANKL

«Has de fer allò que creus que no pots fer.»

ELEANOR ROOSEVELT

«Un covard és incapaç de mostrar amor, fer-ho es reserva als valents.»

MAHATMA GANDHI

«Tracta un home com és i seguirà sent el que és. Tracta un home com pot arribar a ser i es convertirà en el que pot arribar a ser.»

JOHANN WOLFGANG VON GOETHE

«El millor regal que li podem fer a un altre
no és només compartir les nostres riqueses,
sinó revelar-li'n les seves.»

BENJAMIN DISRAELI

«L'amor vertader no és més que el desig inevitable
d'ajudar l'altre perquè sigui qui és en veritat.»

ANTOINE DE SAINT-EXUPÉRY

«El destí més elevat de l'ésser humà
és servir més que governar.»

ALBERT EINSTEIN

«En el moment de la mort, no se'ns jutjarà
per la quantitat de treball que haguem fet,
sinó pel pes de l'amor que haguem posat
en el nostre treball.»

MARE TERESA DE CALCUTA

«Qui dóna, rep.
Qui s'oblida d'ell mateix, troba.»

SANT FRANCESC D'ASSÍS

«L'amor tot ho venç.»

PUBLI VIRGILI MARÓ

«Estimeu-vos els uns als altres com Jo us he estimat.»

JESÚS DE NATZARET

Agraïments

En primer lloc, i de manera destacada, vull donar les gràcies a la Maru de Montserrat, la meva agent literària. El seu talent, lucidesa, passió i força han fet que els meus llibres tinguessin un èxit que no hauria esperat mai. Maru, la teva visió i el teu lliurament han anat sempre més enllà del que podria imaginar. Ets la prova real que l'excel·lència personal i professional no són una utopia. Gràcies amb tota la meva ànima.

A la Isabel Monteagudo, directora a Espanya de la meva agència, International Editors. La teva insòlita combinació de passió, tendresa i força són aire i ales per volar. Gràcies per ser-hi sempre.

Molt especialment a en Carlos Martínez, director d'Empresa Activa. Carlos, la teva amistat, sensibilitat, saviesa i visió han fet que tots els llibres en els quals m'has acompanyat hagin tingut sempre un abast impressionant. Gràcies, Carlos.

A en Joaquín Sabaté Jr., director d'Ediciones Urano. Per la seva amistat, el seu talent i el seu suport incondicional a aquest llibre i als meus llibres anteriors. Joaquín, t'expresso la meva més sincera gratitud i la faig extensiva a tots i cadascun dels extraordinaris professionals que formen el teu equip d'Ediciones Urano i Empresa Activa.

Molt especialment vull agrair al meu estimat amic Juan José Nieto Bueso, president d'HSM a Espanya, la confiança, la visió excepcionalment lúcida i el suport que m'ha donat en tot moment. Saps prou bé que bona part del que hi ha en aquestes pàgines ha nascut del diàleg de la nostra amistat. Moltes gràcies.

Al meu estimat amic Enrique Azuaga, director general mundial de la meva agència, HSM. Gràcies a tu, Enrique, *La bona sort* va pujar al congrés Expomanagement. La teva confiança i el teu suport van ser una aposta molt valenta que s'ha convertit amb el temps en un projecte extraordinari: HSM Talents. Vull deixar per escrit aquí la meva gratitud més profunda per fer que un somni es convertís en realitat.

A l'Alberto Saiz Areses, director general d'HSM a Espanya. Alberto, com els cavallers Cap, Cop i Cor, representes la integritat, l'esforç incansable, la intel·ligència, el suport a l'amic, l'amistat. T'agraeixo tot el que he rebut i après de tu.

Vull donar les gràcies també amb especial èmfasi a tot l'extraordinari equip d'HSM España, amb el qual tinc el privilegi de treballar habitualment: Rocío Mudarra, Maximiliano Masucci, Alejandro Solana, Álvaro Narváez, Aitor González i Víctor Morte. Gràcies per la vostra excel·lència personal i professional.

A tot l'excepcional equip de la meva editorial al Japó, Poplar Publishing Co., a cadascun dels seus membres, que són un viu exemple de creació de bona sort. Molt especialment al seu president, el Sr. Hiroyuki Sakai, l'excel·lència humana i professional del qual ha fet que tant *La bona sort* com *La brúixola interior* (*Letters to me*) hagin tingut un èxit extraordinari en aquest país que tant estimo. També vull expressar la meva gratitud més profunda al Sr. Yasuei Onuma, director comercial, i al meu estimat amic Kosuke Nomura, director editorial, per totes les hores i els esforços dedicats. I amb tot el meu cor, agraeixo a la meva excepcional editora, Naomi Saito, el seu magnífic treball. També a tots els lectors de *La bona sort* al Japó, sense els quals no hauria estat possible l'honor de rebre el premi Shimpukai de l'any 2004. Gràcies.

Als meus agents del Japó, Seiichiro Shimono i Mario Tauchi, per la seva confiança i perfecció en l'execució de la seva feina. Us expresso la meva gratitud i amistat més profundes.

A en Joan Salvador Vergés per les seves excel·lents aportacions al manuscrit original, que li van donar una bellesa, una intensitat, una claredat i un abast més grans.

A en Josep Feliu per la preciosa il·lustració de l'Albor, que il·lustra en una imatge els conceptes fonamentals que volia transmetre en aquest relat.

A en Stephen R. Covey per l'intercanvi d'idees mantingut sobre el poder interior al Foro Mundial de Alta Performance organitzat per HSM a Barcelona i per la inspiració que han suposat i suposen la seva paraula i obra.

A en Miguel Díaz per la seva companyia, afecte i saviesa en el llarg viatge cap a la Terra del Destí. Gràcies amb tot el meu cor, Miguel.

Al meu amic i mestre, l'Alejandro Jodorowsky, per les converses mantingudes, per la seva saviesa i tendresa i, per descomptat, pel seu missatge i obra. La seva presència en aquest llibre és un humil homenatge i un tribut de gratitud. Els que tinguin ull d'or el sabran veure.

Al meu estimat amic en Josep López pels seus excel·lents comentaris i les seves sàvies aportacions. La teva lucidesa és un bé summament singular. És un enorme plaer viatjar amb tu pel món de les paraules. Gràcies, Josep.

I al meu gran amic en Lotfi El-Ghandouri, perquè el seu entusiasme, la seva saviesa i passió van formar part de l'energia que va donar vida a *Els set poders*. *Xukran aji, Lotfi.*

A en Manel Armengol, amic estimat, que, quan el llibre encara era un esbós a la ment, em va animar a ferlo i va ser-hi amb tot el seu entusiasme i força espiritual donant-me ànims per fer-lo realitat.

Com un intens sentiment agraeixo a la meva mare, Carmen Celma Grau, la sensibilitat, la tendresa, el lliurament i l'amor rebut. I al meu pare, Gabriel Rovira Ibáñez, per ensenyar-me que el veritable alquimista és en essència un artesà pacient de l'ànima i de l'amor. Gràcies per la vostra saviesa i el vostre afecte, que són el tresor més gran que un fill pot rebre dels seus pares.

A la Mònica Tarrés Campà. Sense ella res del que hi ha aquí no hagués existit. Gràcies a tu un dia vaig començar a posar paraules sobre el paper per expressar el que la veu no aconseguia citar. Gràcies per tot això; per tot. Ets la meva ànima.

I, molt especialment, dono les gràcies a la Laia, en Pol i la Mariona. Els meus petits Sids, de qui tant he après i aprenc. Mestres d'amor pur, mirada innocent i acció espontània. Per ells i per a ells, mil i una vegades emprendria el viatge a la Terra del Destí.

Finalment, a en *Rufli* i a en *Sam*, els meus amics de raça canina que em van acompanyar durant tot el procés de reflexió previ a l'escriptura d'aquestes pàgines mentre passejava pels boscos del Parc Natural del Montseny i rodalia als preciosos municipis de Sant Martí de Centelles, Aiguafreda, el Brull, Tagamanent, Seva, Viladrau, Riells i Viabrea i Arbúcies. La força, la fidelitat i la tendresa d'en Kam s'inspiren en ells.

A tots, moltes gràcies.

ÀLEX ROVIRA CELMA

Del mateix autor

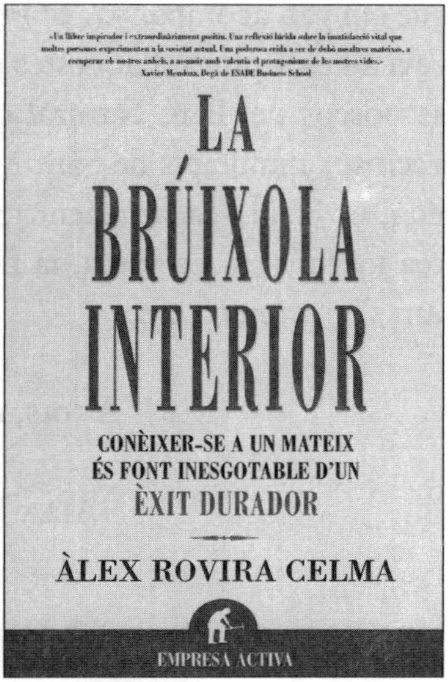

La brúixola interior

La brúixola interior és un llibre original, sorprenent i, per damunt de tot, diferent: un nou paradigma per entendre'ns a nosaltres mateixos i als altres. Mitjançant una sèrie de cartes divertides, apassionants i lúcides, s'obre als ulls del lector una nova perspectiva per entendre la vida, per desenvolupar la creativitat, per entendre millor el que significa una existència autònoma i feliç.

La brúixola interior ens convida a reflexionar sobre aquests temes, ens brinda les eines per fer-ho i, el més important, ens ofereix un mètode perquè recobrem una cosa que no hauríem d'haver perdut mai: ser els directors de la nostra pròpia vida.

La bona sort

Fa molt de temps, en un regne llunyà, en Merlí va convocar tots els cavallers del regne i els va dir: «D'aquí a set nits, el Trèvol Màgic de les Quatre Fulles, el trèvol que proporciona una sort il·limitada a qui el posseeix, naixerà en algun lloc del bosc encantat».

Qui acceptarà el repte d'anar al Bosc Encantat a la recerca del Trèvol Màgic?

Amb aquesta frase comença la llegenda de *La bona sort*, un llibre inspirador i extraordinàriament positiu: una faula per mitjà de la qual es revelen les claus de la Bona Sort i la prosperitat, tant per a la vida com per als negocis.